El Masaje

· ·

Fácil

· ·

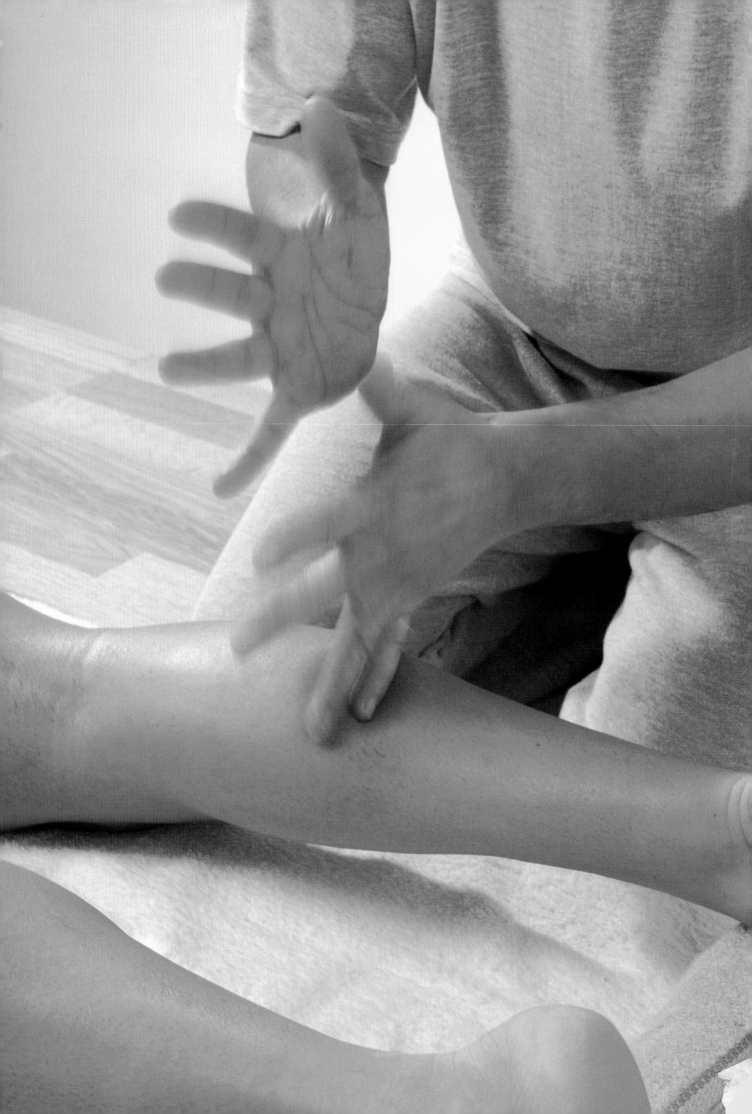

EL MASAJE
FÁCIL

MARIO-PAUL CASSAR

LIBSA

A QUANTUM BOOK

© 1999, Editorial LIBSA
San Rafael, 4
28108. Alcobendas. Madrid
Tel. (34) 91 657 25 80
Fax (34) 91 657 25 83
e-mail:libsa@libsa.es
www.libsa.es

2003, 3ª reimpresión

Traducción: Alberto de la Guardia

© MCMXCIV, Quarto Publishing plc

Título original: *Massage Made Easy*

ISBN: 84-7630-727-6

Derechos exclusivos de edición para todos
los países de habla española.

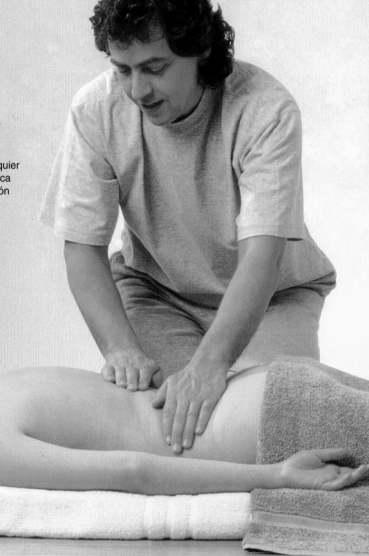

PRÓLOGO

La práctica del masaje se remonta a miles de años atrás pero, en su configuración moderna, fue introducida por primera vez en Europa a comienzos del siglo XIX. Junto al ejercicio físico, constituye el tratamiento recomendado para muchas alteraciones de la salud, incluyendo la artritis y el reumatismo. Debido al hecho de haber sido practicado en aquellos primeros tiempos exclusivamente en hospitales, era considerado como algo respetable. Al volverse poco a poco más asequible, su aplicación se hizo menos rigurosa, incluso cuestionable, perdiendo buena parte de su credibilidad. Afortunadamente, en tiempos más recientes, el masaje ha sido aceptado de nuevo por sus valores terapéuticos. Esto puede derivarse en parte del aumento de la popularidad de la medicina alternativa y complementaria. Sin embargo, queda mucho camino por hacer hasta lograr su pleno reconocimiento público y recuperar el aprecio que merece. Espero que este libro contribuya, siquiera un poco, a que ello suceda.

Mi objetivo al escribir el libro ha sido guiar al lector a través de una serie de técnicas de masaje de modo que su dominio se haga fácil y su aplicación resulte segura y muy efectiva. El método de masaje paso a paso puede ser aplicado entre amigos, en familia, entre compañeros y, en algunos casos, como tratamiento autoadministrado.

He mostrado los movimientos de masaje con el receptor acostado sobre el suelo, o sentado en una silla, para ilustrar la viabilidad del masaje en sitios como la casa o el lugar de trabajo. Las técnicas pueden ser adaptadas fácilmente para su aplicación sobre un banco de masaje y por un terapeuta masajista profesional. El uso de un banco es, por lo común, más cómodo para la persona que aplica el masaje, aunque se trata de una cuestión de preferencias y disponibilidad.

Para que el masaje sea beneficioso, el terapeuta debe tener un profundo conocimiento de sus efectos. Con este fin, he incluido información acerca de los procesos fisiológicos y los objetivos asociados a las distintas técnicas. Espero que esto añada interés y disfrute tanto para el receptor como para el masajista.

Las técnicas que he mostrado ilustran acerca del uso del masaje no sólo para la relajación, sino también como tratamiento en alteraciones de salud que se presentan con frecuencia. No se trata de la reivindicación del masaje como una cura, sino de una vía de demostración de su valor terapéutico y del interés de su aplicación como instrumento de primeros auxilios y como un complemento a distintos tratamientos médicos.

Escribiendo este libro recordé los comienzos de mi carrera en el campo del masaje. Hace muchos años hojeé una revista de salud que incluía un suplemento mensual sobre movimientos de masaje. Traté de aplicarlos con amigos y su reacción fue muy positiva y motivadora. El asunto me fascinó tanto que me matriculé en varios cursos de masaje y tratamiento corporal, hasta que finalmente cambié mi carrera. Es para mí muy satisfactorio y motivador pensar que cuando los lectores de este libro estén dando un masaje por primera vez, puedan experimentar el mismo placer y fascinación que yo tuve al principio y mantengo todavía.

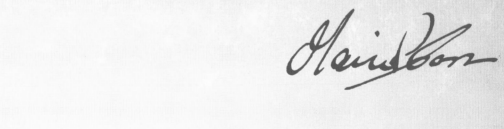

Contenidos

Cómo usar este libro

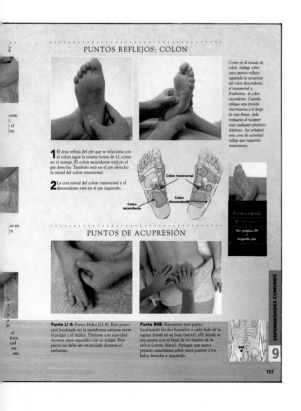

Las descripciones acerca de los efectos reflejos y la acupresión complementan las técnicas de masaje

Las técnicas de repetición se explican antes o después en el libro. Si usted está aplicando una técnica concreta puede estar seguro de que estará incluida en el lugar adecuado en la secuencia

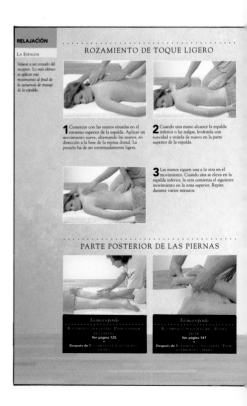

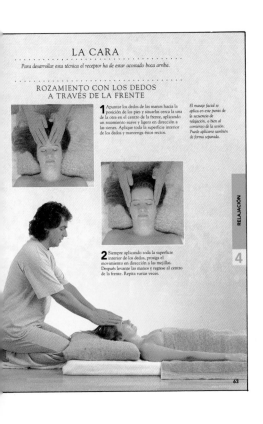

LA CARA

Para desarrollar esta técnica el receptor ha de estar acostado boca arriba.

ROZAMIENTO CON LOS DEDOS
A TRAVÉS DE LA FRENTE

1 Apuntar los dedos de las manos hacia la posición de los pies y situarlas cerca la una de la otra en el centro de la frente, aplicando un rozamiento suave y ligero en dirección a las sienes. Aplique toda la superficie interior de los dedos y mantenga éstos rectos.

El masaje facial se aplica en este punto de relajación, o bien al comienzo de la sesión. Puede aplicarse también de forma separada.

2 Siempre aplicando toda la superficie interior de los dedos, prosiga el movimiento en dirección a las mejillas. Después levante las manos y regrese al centro de la frente. Repita varias veces.

RELAJACIÓN

4

63

Introducción a cada una de las técnicas. Es importante leer y conocer esta información antes de poner en práctica una técnica determinada

Las sesiones de masaje indican un orden sugerido para el desarrollo de las técnicas. Éste puede ser seguido o adaptado según las preferencias

Es vital leer los recuadros que comienzan «Procure evitar:», porque contienen importantes datos sobre seguridad

EL DOLOR DE ESPALDA

REGIÓN LUMBAR

DOLOR DE ESPALDA
Acostado
SESIÓN UNO

**Masaje en la
región lumbar**

Rozamiento de palma

Rozamiento con la
base de la mano

Rozamiento con el
pulgar

Masaje con los puños

**Puntos de
reflexología**

DOLOR DE ESPALDA
Acostado
SESIÓN DOS

**Masaje en la
zona superior de
la espalda y
hombros**

Rozamiento con la
palma

Rozamiento
entrecruzado

Rozamiento con la
palma reforzada

Rozamiento con el
pulgar

Masaje con los puños

dida de sensibilidad, pérdida de fuerza muscular, sensación de calor o de frío o sensación de pinchazo. Las zonas afectadas pueden incluir el dorso, el abdomen, la pelvis y las piernas y pies.

Este tipo de problemas es mejor que los trate un profesional o un terapeuta de la especialidad de osteopatía. El masaje, por consiguiente, no es recomendable en situaciones de este tipo, y si no queda más remedio, es mejor que lo aplique un terapeuta cualificado.

Procure evitar:
Dar masaje en la
zona lumbar si
presenta:

Calor de origen no
conocido o
inflamación

Concentración de
fluidos asociada a
enfermedades como
cáncer o problemas
cardíacos

Dolor al moverse o
al tocar la zona con
los dedos

SUGERENCIAS DE AUTOAYUDA

Los que siguen a continuación son indicadores que le van a ayudar a reconocer síntomas asociados con problemas lumbares, e instruyen acerca de cómo manejar la situación hasta que se administre el tratamiento médico más adecuado.

Dolores agudos: Los dolores agudos, cuya intensidad se hace mayor con el movimiento, no deben tratarse como si fueran leves. Este tipo de dolor es muy severo cuando nos damos la vuelta en la cama, o cuando nos sentamos o levantamos o si nos inclinamos, aunque sea ligeramente, hacia adelante. Pueden acompañarse de dolor o malestar en

otra parte del cuerpo. Aplique una toalla fría y húmeda en la zona lumbar. Así reducirá la concentración de fluidos y la inflamación. Introduzca una toalla doblada en agua fría del grifo y escúrrala. Aplíquela sobre la zona unos dos minutos. Dé la vuelta a la toalla y refrésquela en el agua con frecuencia para mantener el tejido frío. En cualquier caso, mantenerse acostado boca abajo es la postura más cómoda y descansada hasta que el dolor remita lo bastante como para moverse o hasta que se consiga asistencia médica.

Calor: Un calor notable sobre la región lumbar, aunque no restrinja del todo los movimientos, puede indicar una inflamación de las terminaciones nerviosas. En esta situación, aplique una toalla húmeda y fría por la mañana y antes de acostarse y busque consejo médico cuanto antes.

Dolor persistente: Un dolor persistente asociado a una larga permanencia sentados, o a la realización de tareas tales como la jardinería o el bricolaje, puede tener su origen en el agarrotamiento muscular. Aplique calor mediante toallas calientes, o a través de baños o bolsas de agua caliente. Consulte al médico o al fisioterapeuta, si el dolor no remite, o persiste varios días después de que haya cesado la actividad que lo provocó.

ACEITES ESENCIALES

Utilícese con cuidado en caso de músculos agarrotados, rígidos o doloridos. Estos aceites tienen un fuerte efecto analgésico.

**Romero • Mejorana • Camomila •
Lavanda**

Utilizar una o una mezcla de dos esencias y poner cinco gotas en un baño caliente. Pueden mezclarse con un aceite portador para el masaje. Usar un 2% de esencia en el aceite.

32

INTRODUCCIÓN

El masaje ha existido probablemente desde el origen del ser humano. Es un instinto natural de las personas frotarse para quitar el dolor, quizá la forma más elemental de masaje.

Los descubrimientos arqueológicos muestran que los pueblos prehistóricos utilizaban ungüentos y hierbas para friccionar sus cuerpos. Probablemente intentaban así mejorar el bienestar general y protegerse de lesiones o infecciones. Las pociones habrían tenido también un efecto sanador, especialmente si la frotación era aplicada por un curandero religioso o médico.

A través de la literatura china sabemos que el masaje fue utilizado para curar, al menos desde el año 3000 a. de C. Los chinos parece que creían en la salud total, y el masaje, junto con el ejercicio, las artes marciales y la meditación, estaban incluidos en todos los programas de salud y bienestar físico.

Escritos hindúes fechados en 1800 a. de C. indican que el masaje se utilizó para la reducción de peso y para ayudar a dormir, para la relajación y para combatir la fatiga. Los antiguos hindúes estaban más interesados en la higiene que en la salud y por eso combinaban el masaje con el baño y el lavado de cabello.

Alrededor del 300 a. de C. los griegos comenzaron a utilizar el masaje, asociándolo con el ejercicio como régimen para el bienestar físico. Los soldados se daban regular-

Esta vasija ática, de hacia el año 430 a. C, muestra un joven masajeándole la espalda a un amigo.

mente masajes para aliviar el dolor y la fatiga muscular durante la instrucción y también antes y después de los torneos. Las damas griegas combinaban masaje y baño, que se transformaron en una parte distinguida de sus regímenes de belleza.

El médico griego Herodicus (s. V a. de C.), declaró haber tenido un gran éxito en la prolongación de la vida con la combinación de masajes, hierbas y aceites. Uno de sus pupilos, Hipócrates, el padre de la medicina, que vivió en torno al 460-380 a. de C., siguió el ejemplo y anunció que podía mejorar la función articular y reforzar el tono muscular con masaje. Afirmó también que los movimientos de masaje debían llevarse a cabo cerca del corazón, mejor que en los pies. Esto resultó asombroso, ya que entonces no se conocía aún la circulación de la sangre.

Los romanos siguieron el ejemplo griego en el uso del masaje. Fueron incluso más lejos y construyeron baños públicos a disposición tanto de los ricos como de los pobres. Allí se quedaban a remojo, sin ninguna prisa, en unos baños comunales de agua caliente, a los que seguían unas buenas fricciones con aceites aromáticos.

El masaje fue muy valorado, no sólo por sus beneficiosos efectos sobre los músculos, sino sobre ciertos achaques, tales como los dolores de cabeza. Celus, un eminente médico romano, que vivió durante el reinado de Tiberio (42 a. de C.- 37 d. de C.) afirmó que incluso podía curar la parálisis.

DEL RENACIMIENTO EN ADELANTE

Los libros del periodo renacentista describen tratamientos de masaje, posiblemente porque se hicieron populares entre la realeza. En Francia, por ejemplo, el médico Ambroise Pare (1517-90) fue muy solicitado por la

Corte a causa de sus tratamientos de masaje, y María, reina de Escocia (1542-87), también fue una entusiasta de ello.

En el siglo XVIII, el capitán James Cook fue tratado mediante masaje de su ciática por una familia polinesia. Quedó tan complacido de sus resultados que compartió su experiencia en los escritos de viaje alrededor del mundo.

En tiempos más recientes, la palabra sinónima de masaje para mucha gente era «sueco». La técnica a la que se refiere fue desarrollada en la última parte del siglo XVIII por un médico sueco llamado Per Henrik Ling (1776-1839), que formuló la ciencia de la gimnasia, tratamiento combinado de masaje y ejercicio. La parte correspondiente al masaje fue después separada del contexto y practicada como masaje sueco.

En el Reino Unido, John Grosvenor (1742-1823), un cirujano inglés profesor de medicina en la Universidad de Oxford, demostró las ventajas del masaje a la hora de aliviar la rigidez articular, la gota o el reumatismo. Grosvenor, sin embargo, no incluyó el ejercicio como parte del tratamiento; estuvo más interesado por la cura de los tejidos y las articulaciones mediante la acción de frotamiento o fricción. Afirmó que esta técnica eliminaría la necesidad de ir al quirófano en muchas enfermedades. A diferencia de otros médicos, Grosvenor no llevó a cabo masajes él mismo. Enseñó la técnica a mujeres empleadas como enfermeras.

DESCENSO DE LA REPUTACIÓN

Durante el siglo XIX el número de mujeres en Inglaterra que ofrecían masaje se incrementó considerablemente. Al principio eran formadas por médicos, pero debido a la creciente demanda, se abrieron muchas escuelas. Este paso hacia lo comercial provocó una caída en los niveles de enseñanza. La práctica del masaje no permaneció mucho tiempo controlada por los hospitales. Se comenzó a ofrecer desde otros estamentos privados. El masaje corporal se empezó a ofertar en los baños turcos. La consecuencia de todos estos cambios fue una rápida caída en la credibilidad y buena reputación que el masaje había disfrutado previamente. La profesión médica tuvo mucha razón al rechazar a esos tipos dudosos que ofrecían masaje y se anunciaban a sí mismos como masajeadores o profesores.

Sorprendentemente, la reina Victoria volvió a elevar la reputación del masaje a fines de la década de 1880. Per Henrik Ling, el médico sueco, había fundado el Instituto Central de Gimnasia en Berlín en 1813 y nombrado a Lars Gabriel Branting su sucesor. Una de las estudiantes de Branting, Lady John Manners, duquesa de Rutland, escribió muchos artículos sobre masaje para revistas distinguidas, y consiguió que Branting tratase los dolores reumáticos de la reina Victoria. El muy publicitado éxito del tratamiento de Branting mediante gimnasia (masaje y ejercicios), creó una nueva demanda para este tipo de terapia. Al ponerse de moda su práctica, el masaje ganó alguna respetabilidad.

EL MASAJE EN LOS ESTADOS UNIDOS

El masaje fue introducido en los Estados Unidos, entre otros, por George Henry Taylor (1821-96) y su hermano Charles Fayette Taylor (1826-99). Ambos habían viajado a Europa con el propósito inicial de estudiar el método Ling. Otro promotor del masaje en aquel tiempo fue el doctor S. Weir Mitchell, de Filadelfia, Pennsylvania, y uno de los primeros libros de masaje escritos en inglés fue publicado en 1884 por el doctor O. Gragham, de Boston, Massachusetts.

Durante la Primera Guerra Mundial, el masaje fue utilizado en los hospitales ingleses para tratar lesiones. Sus beneficios fueron resaltados por Sir Robert Jones, director del Hospital Quirúrgico Militar Especial en Londres: «Como acompañamiento al tratamiento quirúrgico, el masaje puede ser empleado para aliviar el dolor, reducir los edemas, ayudar a la circulación y promover la nutrición de los tejidos.»

En los tiempos modernos el masaje ha tomado muchas direcciones pero todavía constituye la esencia de la relajación y de muchas otras terapias. Sus beneficios han sido bien estudiados, probados y registrados a través de la historia.

LOS BENEFICIOS DEL MASAJE

El más ventajoso y perceptible efecto del masaje es la relajación, por lo que se le suele asociar con la reducción de la tensión. Pero no siempre el masaje pretende la relajación. A veces tiene un efecto vigorizador. Otras veces se emplea para ayudar a eliminar la congestión de los tejidos o para aliviar los músculos contraídos y los espasmos.

Las funciones generales del organismo se potencian cuando están en relajación. El masaje, por consiguiente, influye sobre el conjunto del organismo de muy diferentes formas. Algunos de sus efectos beneficiosos son: incremento de la circulación en una zona determinada del cuerpo, como un músculo o una articulación; la reducción del dolor, la relajación de los músculos; la relajación del destinatario; el incremento de la circulación en un área y la contribución al drenaje del exceso de fluidos y la introducción de aceites esenciales en la piel.

LA RELAJACIÓN

Resulta instintivo y muy natural dar un pequeño golpe a alguien cuando queremos que se sienta mejor. Del mismo modo es natural e involuntario que la persona que recibe ese suave golpe se relaje. El proceso probablemente sea un intercambio emocional en dos sentidos. La recepción de un masaje da a la persona una sensación de estar siendo cuidada. Aplicar un masaje puede inconscientemente aportar a quien lo da la sensación de ser aceptado.

EL SISTEMA NERVIOSO CORPORAL

El organismo contiene un sistema de nervios cuya función es controlar su entorno externo e interno. La información, en forma de impulsos eléctricos, viaja a través de los nervios hacia el cerebro que, a su vez, estimula al organismo a adaptarse a los cambios. Por ejemplo, si el entorno exterior está frío, el organismo se adaptará mediante una tiritona para producir calor y a través de la interrupción del envío de sangre a la piel, con el fin de reducir la pérdida de calor.

Este sistema tan complejo se denomina sistema nervioso autónomo. Es responsable, a nivel inconsciente, de todas las funciones corporales y del mantenimiento del cuerpo en un estado de salud óptimo, llamado homeóstasis. Si el entorno externo o interno indica peligro, el sistema responde mediante el incremento de la presión sanguínea, preparando los músculos para funcionar e incrementando la frecuencia respiratoria. Cuando el peligro ha pasado, el sistema provoca la relajación muscular, la respiración se hace más lenta y la presión sanguínea desciende.

De esa manera el sistema nervioso autónomo relaja el cuerpo y estimula la mente con el fin de alcanzar una salud óptima mediante la potenciación de las funciones corporales. La digestión se mejora, la tensión sanguínea se reduce, se liberan sustancias químicas contra el dolor y se equilibra la acción hormonal. El masaje puede tener una gran influencia sobre el sistema nervioso autónomo a través de este efecto sedante sobre las terminaciones nerviosas en la piel y la relajación del conjunto del cuerpo.

EL MASAJE MUSCULAR

La mayoría de los masajes implican el contacto directo de las manos sobre la piel. El masaje afecta a las estructuras subyacentes. Debajo de la piel hay una capa de tejido que contiene nervios, arterias, venas, vasos linfáticos y cantidades variables de agua y de grasa. Estas dos últimas dan a la piel su calidad y apariencia, y son responsables de la gran variedad de formas externas. La última capa es la capa muscular, que cubre casi la totalidad del cuerpo. En algunas zonas hay tres capas de músculo. En otras sólo una o dos. Todas las capas son tratadas e influidas por el masaje.

Los músculos pueden soportar una cantidad considerable de presión y estiramiento. Resulta, por consiguiente, seguro aplicar masaje sobre todas las zonas cubiertas por múscu-

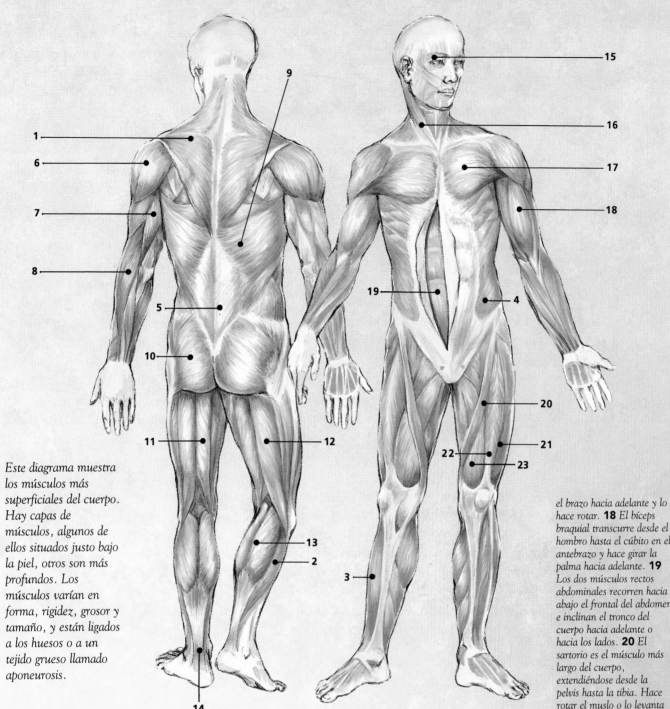

Este diagrama muestra los músculos más superficiales del cuerpo. Hay capas de músculos, algunos de ellos situados justo bajo la piel, otros son más profundos. Los músculos varían en forma, rigidez, grosor y tamaño, y están ligados a los huesos o a un tejido grueso llamado aponeurosis.

1 El trapecio cubre los omóplatos, la parte superior de la espalda y la zona posterior del cuello. Ayuda a rotar y elevar los omóplatos y a inclinar la cabeza hacia atrás y a los lados. 2 En la parte inferior de la pierna y debajo de los gemelos se halla el sóleo que liga el tendón de Aquiles y, junto a los gemelos, sirve para dirigir los dedos de los pies. 3 El músculo más prominente de la parte inferior de la pierna es el tibial anterior, que la liga a los huesos del pie y sirve para curvar éste hacia arriba. 4 Los músculos oblicuos interno y externo

se sitúan diagonalmente al recto mayor del abdomen. Funcionan a pares, izquierdo y derecho, para curvar el tronco hacia adelante y hacia los lados. 5. Esta zona de la espalda está constituida por capas de aponeurosis (un tejido muy fuerte). 6 El deltoides cubre la articulación de los hombros. Levanta y hace rotar el brazo. 7 El tríceps articula el hombro con el codo y se contrae para extender el antebrazo. 8 El músculo braquiorradial sirve para girar hacia arriba la palma de la mano. 9 El dorsal es un músculo grande que enlaza la columna

vertebral con el húmero del brazo. 10 El glúteo es el gran músculo de las nalgas. Extiende y hace rotar el muslo alrededor de la articulación de la cadera y también levanta el tronco desde una posición encorvada. 11 El semitendinoso es un músculo tendinal que se extiende desde la pelvis hasta la tibia, debajo de la rodilla. 12 El bíceps femoral es uno de los tres músculos tendinosos del muslo que flexionan la rodilla y la hacen girar hacia afuera. 13 Los gemelos forman juntos la pantorrilla. 14 El

tendocalcáneo o tendón de Aquiles es el tendón más fuerte del cuerpo y conecta los músculos de la pantorrilla con el tobillo. 15 El orbicular de los párpados está situado en la órbita del ojo y rodea a éste. Este músculo cierra el párpado, arruga la frente y derrama lágrimas en el ojo. 16 El esternocleidomastoideo recorre hacia abajo el lateral del cuello y sobresale cuando se contrae. Inclina la cabeza hacia el hombro del mismo lado y la hace rotar hacia el lado opuesto. 17 El pectoral mayor liga el hombro con el pecho. Lanza

el brazo hacia adelante y lo hace rotar. 18 El bíceps braquial transcurre desde el hombro hasta el cúbito en el antebrazo y hace girar la palma hacia adelante. 19 Los dos músculos rectos abdominales recorren hacia abajo el frontal del abdomen e inclinan el tronco del cuerpo hacia adelante o hacia los lados. 20 El sartorio es el músculo más largo del cuerpo, extendiéndose desde la pelvis hasta la tibia. Hace rotar el muslo o lo levanta hasta el abdomen, ayudando también a doblar la rodilla. 21 El vasto externo recorre de arriba a abajo el lado exterior del muslo. El cuarto elemento del cuádriceps, el vasto interno, enlaza con el vasto externo y el crural bajo el recto anterior. 22 El recto anterior es un músculo largo y recto en la parte frontal del muslo que contribuye a levantar la pierna hacia la cadera. Junto al vasto externo, interno y crural forma el cuádriceps. El poderoso grupo de músculos estira hacia afuera la pierna y la mantiene en posición cuando está en reposo. 23 El crural recorre el interior del muslo.

lo, hasta los límites de presión que sean aceptables para el receptor. Áreas como el abdomen y el cuello precisan un tratamiento cuidadoso y deben evitarse las zonas huesudas, ya que una presión excesiva sobre ellas puede provocar dolor. El masaje incide sobre los músculos de muchas formas. Aumenta la circulación local, consigue que los tejidos se liberen de ciertas sustancias, reduce los calambres y la tensión y tonifica los tejidos musculares.

LA CIRCULACIÓN DE LA SANGRE

En un adulto normal circulan cinco litros de sangre que abastecen todos los órganos y tejidos. El corazón hace circular 7.000 litros de sangre cada día, bombeándola primero sobre las arterias y después a través de diminutos vasos llamados arteriolas y capilares. Junto a los capilares hay pequeñas venas que llevan la sangre a las venas mayores para iniciar el regreso al corazón. Tras visitar los pulmones para reponer su plena oxigenación, la sangre es bombeada de nuevo.

El corazón ejerce presión suficiente como para empujar la sangre a lo largo de las arterias, pero cuando la sangre llega a las venas la presión se reduce considerablemente y requiere que la acción constrictora de los músculos la ayude. Los movimientos de masaje ayudan a impulsar la sangre en las venas. Determinados movimientos mejoran también la circulación a lo largo de las arteriolas y los capilares en zonas como la piel, las manos y los pies. Potenciar la circulación general es quizá el efecto más importante del masaje después de la relajación.

EL SISTEMA LINFÁTICO

La linfa es un fluido distribuido a través del cuerpo con la sangre. Como la sangre pasa a través de capilares muy pequeños, la linfa rezuma, tomando así oxígeno y nutrientes. En los tejidos rodea cada célula y la abastece con nutrientes. En su retorno hacia el corazón la linfa toma los derivados de la función celular, las sustancias tóxicas, los virus y las bacterias y las lleva a través de un sistema separado de vasos, llamados vasos linfáticos, a la sangre. Ésta los dirige hacia unos filtros llamados ganglios linfáticos, donde la linfa es tratada y filtrada antes de retornar al corazón.

La linfa también reactiva la acción de los músculos profundos para crear compresión y mover así sus vasos. Sin embargo, en la capa situada justo bajo la piel, el fluido linfático encuentra su propio drenaje, ya que allí se produce la acción de unos músculos diminutos. Si tuviera lugar algún bloqueo a lo largo del recorrido, o se generase demasiado fluido, la linfa tiende a acumularse provocando una inflamación, conocida como edema. Unos suaves movimientos de masaje ayudan a drenar fluido linfático y así reducir el edema.

Trastornos de salud que mejoran con el masaje

• • • • • • • • • • • • • • • • • • • •

Los efectos fisiológicos del masaje señalan un cierto número de alteraciones de la salud para las que el masaje puede resultar beneficioso. Entre ellos se incluyen la baja circulación periférica, la congestión linfática, los espasmos musculares, los estados de tensión y ansiedad, la flacidez muscular y el dolor de espalda. Algunos de ellos, como el dolor de cabeza provocado por la tensión, se pueden tratar de forma sencilla, otros pueden ser aliviados mediante masaje, aunque siguiendo ciertas instrucciones. Los trastornos más serios requieren ayuda profesional, ya que se pueden presentar complicaciones. Así, la ansiedad puede derivarse de problemas emocionales subyacentes. Una circulación defectuosa puede tener su causa en fallos cardíacos, y algún caso de artritis puede deberse a desequilibrios posturales o nutricionales.

Trastornos en los que el masaje puede resultar perjudicial

• • • • • • • • • • • • • • • • • • • •

De la misma forma que nos podemos beneficiar mucho a través del masaje, éste puede resultar nocivo en algunas circunstancias. Así resulta desaconsejable su uso por personas inexpertas en casos tales como: cáncer y trastornos asociados como el edema linfático, problemas de corazón y circulatorios, tales como los fallos cardíacos, trombosis, migrañas, venas varicosas, la inflamación de cualquier articulación, tejido u órgano, incluidas las artritis reumatoides, apendicitis, gastritis, pancreatitis, o meningitis, así como determinados trastornos que afectan al sistema nervioso, como la epilepsia.

ACEITES DE MASAJE

Los aceites de masaje facilitan el movimiento de las manos sobre la piel evitando las rozaduras, hidratando y suavizando la piel y, si contienen aceites esenciales, potenciando el valor terapéutico del masaje. Los aceites esenciales son extractos de hierbas, especias, flores, hojas, cortezas de árboles, semillas, bulbos (ajo), brotes de flores secas (aceite de clavo), y cortezas de cítricos.

El uso de las esencias tiene una larga historia y se menciona en muchos libros antiguos como el *Nei Ching o Libro Amarillo del Emperador sobre Medicina Interna*, escrito alrededor del siglo IV a. de C. y en los escritos del renombrado médico árabe Abu Alí Ibn Sina (conocido también como Avicenas) que vivió entre el 980 y 1037 d. de C. Estos vestigios del pasado muestran que las esencias de flores, plantas y hierbas tuvieron muchos usos y fueron administrados de formas muy variadas, desde aceites de masaje hasta bálsamos, pastillas medicinales, supositorios, polvos y píldoras. Sus aplicaciones incluían el tratamiento de heridas producidas en combate a los gladiadores y la fumigación de los cadáveres. A través de la historia han sido también utilizados como cosméticos, perfumes, insecticidas, antisépticos e incluso como remedio de plagas infecciosas como la gran epidemia del siglo XVII.

En tiempos más recientes fueron redescubiertas por un farmacéutico francés, René Maurice Gattefossé, en la década de 1920. En aquel tiempo, Gattefossé estaba investigando las propiedades antisépticas de los aceites esenciales obtenidos por métodos naturales frente a aquellos producidos mediante procedimientos químicos. En una ocasión, mientras trabajaba en el laboratorio, se quemó accidentalmente una mano y fue a sumergirla en el recipiente más próximo, que casualmente contenía aceite de lavanda. Para su asombro la mano sanó en 48 horas. Esta rápida curación, junto a la ausencia de cualquier tipo de cicatriz, indujo a Gattefossé a investigar más a fondo acerca de otras propiedades de los aceites esenciales. El interés científico y las propiedades médicas de los aceites fueron, en consecuencia, registrados por Gattefossé, y de ese modo nació la aromaterapia, como fue denominada por Gattefossé. Aún hoy se practica en Francia por la profesión médica.

COMPONENTES

Las esencias contienen compuestos químicos producidos de modo natural, tales como los hidrocarburos (terpeno) y compuestos oxigenados como los alcoholes, ésteres, acetonas y fenoles, que les aportan sus propiedades terapéuticas. Pueden influir sobre el cuerpo tanto en niveles físicos como emocionales. Cada aceite esencial tiene varias propiedades. La camomila, por ejemplo, puede ser usada como antiséptico tanto como antiinflamatorio, para ayudar a la digestión o para obtener relajación.

Como los aceites son muy volátiles y se evaporan rápidamente, se introducen fácilmente en el organismo por inhalación a través de la nariz. El sentido del olfato se transmite mediante el nervio olfativo, que va directamente desde la nariz al cerebro. Ejemplos de esa fulminante reacción ante la inhalación han quedado probados mediante los efectos físicos y mentales de la inhalación de pegamento, la nicotina e incluso la anestesia. Otro ejemplo, aunque más agradable, tiene lugar cuando se genera saliva en la boca ante el aroma de una buena comida.

APLICACIONES

Una forma de introducir aceites esenciales en el organismo es el masaje. Se mezclan primero con un aceite portador. Un aceite vegetal es el más usado por lo común, y es preferible al aceite líquido de parafina usado por algunas marcas comerciales de aceite corporal para niños. Los aceites de aromaterapia se masajean entonces sobre la piel para ser absorbidos e in-

corporados por los sistemas circulatorios linfático y vascular. La idea de introducir productos terapéuticos en el cuerpo por vía transcutánea es muy efectiva. Podemos observar este método en la medicina más ortodoxa, por ejemplo, en la aplicación de apósitos en los tratamientos de reposición hormonal. Otro método muy efectivo de estimulación de la absorción de aceites esenciales a través de la piel es el baño. Se echan unas gotas de esencia sobre la superficie del agua, después esperamos a que se disuelvan en el agua de baño y luego nos introducimos en el agua y nos relajamos. El valor terapéutico se obtiene no sólo a través de la absorción, sino también de los vahos del aceite evaporado.

La aplicación de estos aceites mediante compresas frías o calientes tiene el valor añadido de enfriar o calentar una zona concreta del cuerpo. Este sistema se describe ampliamente en el capítulo 6.

El uso de aceites esenciales como forma de tratamiento debe ser llevado a cabo exclusivamente por aromaterapistas cualificados. Sin embargo, los aceites pueden ser utilizados con plena seguridad como masaje para potenciar sus efectos. Están disponibles mezclados previamente aunque, si lo deseamos, podemos hacer nuestras propias mezclas con aceite portador o mediante baños, como se describió antes. Conviene usar sólo esencias de buena calidad, producidas por una empresa de

---

EJEMPLOS DE ACEITES ESENCIALES APTOS PARA EL MASAJE

Flores
Camomila • Geranio • Jazmín • Lavanda • Azahar • Rosa

Hierbas
Albahaca • Salvia • Mejorana • Hierbabuena • Romero • Hisopo • Orégano • Tomillo

Cítricos
Bergamota • Pomelo • Limón

Resinas
Incienso • Mirra

Semillas
Pimienta negra. Hinojo

Hojas
Palmera de Samoa • Petit Grain • Limón • Toronjil

Especias
Canela • Comino • Nuez moscada

prestigio. Cuando mezclemos un aceite para masaje debemos utilizar un promedio de tres partes de aceite esencial por cada cien partes de aceite de masaje. En caso de uso como baño o como compresas, utilizaremos un promedio de cinco gotas de aceites esenciales. Para bebés o niños pequeños bastarán dos gotas (ver capítulo 8). Podemos combinar dos o tres esencias, siempre que el total se mantenga en el tres por ciento del aceite de masaje. La utilización de aceites esenciales puede resultar muy provechosa siempre que cumplamos estas instrucciones. También quisiera recomendar, a quienes deseen obtener una información más amplia, la consulta de alguno de los muchos libros disponibles sobre aromaterapia.

PRECAUCIONES

Algunos aceites pueden resultar tóxicos si se usan en grandes cantidades o durante prolongados periodos de tiempo, pudiendo provocar también irritaciones en la piel en personas alérgicas a algún aceite esencial. Es poco probable que suceda con alguno de los que se mencionan en este libro. Sin embargo, si tiene lugar alguna reacción o persiste cualquier duda, es mejor dejar de utilizarlos, aplicando en su lugar un aceite sin ninguna esencia para realizar masaje.

TÉCNICAS DE MASAJE

El masaje es a la vez una ciencia y un arte. La ciencia del masaje estudia sus efectos en los tejidos y en el organismo en general. El arte del masaje consiste en saber cómo y cuándo hay que aplicar determinados movimientos. Ambos aspectos constituyen la técnica del masaje.

Las técnicas de masaje se denominan **rozamiento, amasamiento** y **rozamiento con el pulgar.** Las tres se explican paso a paso en este libro. Más adelante veremos las variantes de estas técnicas. Naturalmente expongo mi propia versión de las mismas. Otros masajistas desarrollarán, sin duda, una interpretación diferente, también correcta.

Un **golpe,** o **movimiento,** es el camino o la ruta que las manos siguen durante una técnica de masaje, que comienza en una zona del cuerpo para terminar en otra, o regresar al mismo lugar. Los golpes o movimientos de masaje se repiten normalmente varias veces, tantas como el masajista y el receptor estimen suficientes. Como norma general, cada movimiento completo de masaje debe aplicarse por lo menos seis veces o durante cinco minutos.

El **ritmo** es extremadamente importante en el masaje, ya que marca los pasos a dar y determina los efectos que ha de provocar con toda probabilidad una técnica. Siempre resulta una buena idea comprobar las reacciones del receptor ante un movimiento de cualquier técnica de masaje, ya que lo que puede ser relajante para una persona, puede resultar incómodo para otra.

• *Muy lento*: Los movimientos se aplican muy lentamente cuando procuramos la relajación. Por ejemplo, un movimiento de ida y vuelta desde el limite inferior de la espalda hasta el cuello debe durar unos diez segundos.

• *Lentitud media*: Al incrementar la velocidad del movimiento se estimula la circulación en la zona. Tomando de nuevo la espalda como ejemplo, el movimiento descrito antes llevaría ahora unos cinco segundos.

• *Movimiento vivo*: Está indicado si queremos calentar músculos antes de practicar deportes o, en general, para provocar un efecto vigorizador. En estos casos, la velocidad de movimientos es mucho más rápida. Podremos entenderlo mejor si recordamos cómo nos frotamos las manos cuando queremos calentarlas.

La **presión** necesita ser adaptada permanentemente a la zona que está siendo masajeada. La aplicación de una presión fuerte no significa que los movimientos de masaje vayan a ser más relajantes o efectivos. Los mús-

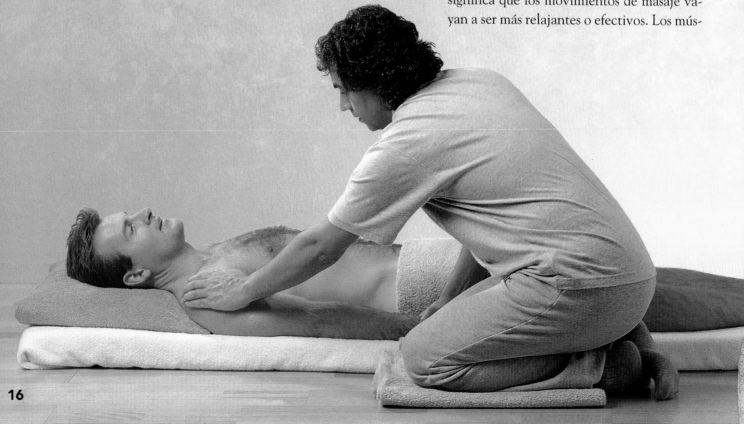

culos del receptor pueden no estar preparados para un masaje muy enérgico. Se puede incluso conseguir un efecto contrario y provocar una tensión de protección dentro del músculo. Es conveniente, por consiguiente, pensar más en estimular el músculo que en forzarlo a la relajación. La presión debe ser incrementada a medida que el músculo se relaje y vaya dejando de presentar resistencia.

LA POSTURA

Las técnicas de este libro pueden ser aplicadas con el receptor acostado en el suelo o sentado en una silla. También puede utilizarse un banco de masaje o una mesa. Cualquiera que sea la posición del receptor, la postura del masajista es muy importante. Debe ser adoptada de forma que no cree ningún tipo de problema. Masajear a alguien en el suelo puede resultar fatigoso si el masajista no encuentra una posición cómoda mientras aplica los movimientos. Las ilustraciones describen posturas tanto para el masajista como para el receptor. No obstante son sólo indicaciones y, por tanto, pueden ser modificadas si se considera necesaria.

SESIÓN A	SESIÓN B
Receptor tendido supino (boca arriba)	**Receptor tendido prono (boca abajo)**
Cuero cabelludo • Cara • Brazos • Abdomen y pecho • Piernas	Espalda superior y hombros • Cuello • Espalda inferior • Piernas
Receptor tendido prono (boca abajo)	**Receptor tendido supino (boca arriba)**
Piernas • Espalda inferior • Espalda superior • Cuello	Pies • Piernas • Abdomen • Pecho • Brazos • Cara

rio. Siempre que sea posible, debemos utilizar nuestro cuerpo como una parte del movimiento. Esto significa que realizaremos menos esfuerzo muscular, lo que hará más fácil el masaje y nos permitirá ahorrar energías. Este principio es aplicable tanto si el receptor está sobre el suelo, en una silla, o en un banco.

LAS SESIONES

Mientras mucha gente elige la espalda para comenzar un masaje, otros optan por los pies. Alguna vez puede ocurrir que sólo se dé masaje a una parte del cuerpo, por razones de disponibilidad de tiempo, o por preferencias del receptor. Este libro aporta sesiones de masaje en la mayoría de los capítulos. Estas sesiones pueden ser seguidas tal como están expuestas o adaptadas a los gustos personales. Si preferimos crear nuestra propia sesión, tengamos presente que, hablando en términos generales, los movimientos más ligeros se dan antes que los más pesados, y que sea cual sea la forma en que se apliquen, el ritmo de los masajes de relajación es siempre lento. Las dos sesiones de masaje que yo suelo preferir están recogidas a la izquierda de la página.

CALOR

Es preciso trabajar en una habitación caldeada y cubrir al receptor durante el masaje, de modo que su cuerpo se mantenga caliente. Los músculos se contraen cuando están fríos para mantener el cuerpo caliente y, por consiguiente, no son propicios para la relajación.

COJINES Y ALMOHADAS

Cualquiera que sea la posición del receptor, él o ella deben estar cómodos y con el cuerpo adecuadamente situado. Los cojines se deben utilizar para soportar la espalda, las rodillas y los pies, si fuera necesario. Es preciso poner especial cuidado cuando el receptor está acostado boca abajo en el suelo. Deben disponerse cojines o almohadas bajo el abdomen, de forma que la espalda no se curve excesivamente. Esto es de especial aplicación en personas con tendencia a una curvatura excesiva en la región lumbar.

MOVIMIENTOS BÁSICOS DE MASAJE

El masaje consiste en movimientos o técnicas, cada una con su propio efecto, tales como aportar calor a los tejidos, incrementar la tensión sanguínea, etc. Las técnicas también tienen variantes, como el amasamiento aplicado con una o con dos manos. Estas técnicas se llevan a cabo de una forma personal, o según unas sesiones, con el fin de lograr un efecto de conjunto de relajación general, reducción de los espasmos musculares, preparación de los músculos para el deporte y otros. A continuación se muestran algunos movimientos básicos de masaje, más una o dos variaciones.

ROZAMIENTO

«Effleurage» (Rozamiento) viene de la palabra francesa effleurer (rozar, tocar ligeramente). Es el nombre que recibe el movimiento básico en masaje. Ha de aplicarse muy ligera y suavemente para conseguir un efecto sedante, del mismo modo que, instintivamente, acariciamos a un niño o a un animal doméstico. Si lo que se pretende es incrementar la circulación o relajar los músculos, ha de darse con una presión entre media y fuerte. Cuando se aplica enérgicamente, el rozamiento es vigorizador. Existen muchas variantes, tales como el rozamiento con la palma de la mano, con el dedo pulgar, el rozamiento con asimiento y el masaje con el puño (mano cerrada), que puede ser utilizado de forma selectiva en zonas determinadas del cuerpo.

ROZAMIENTO CON LA PALMA DE LA MANO

Aquí se muestra un ejemplo de esta técnica aplicándose en la espalda. Los movimientos comienzan y acaban en la espalda inferior. Los pasos 1, 2, 3 y 4 enseñan el camino que han de seguir las manos hasta completar el movimiento de rozamiento. La presión inicial no debe ser mayor que la que empleamos para acariciar a un perro o a un gato. Sin embargo, necesitaremos añadir algo más de presión al movimiento inclinando el cuerpo hacia adelante. Debe ser siempre una presión bien tolerada por el receptor. Cuanto más nos inclinemos (o empujemos con nuestro peso corporal, si usamos una mesa de masaje), más se incrementará la presión.

Procure evitar:

Presionar la propia espina dorsal, o sobre las zonas óseas de las paletillas
·
Utilizar la base de las palmas de las manos; debe distribuir la presión por toda la palma y los dedos

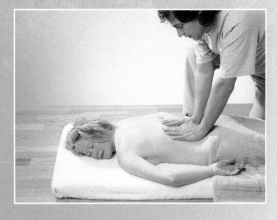

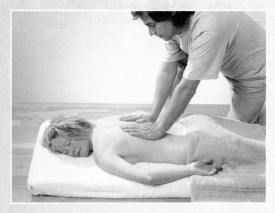

1 Comenzar en la base de la espina dorsal, masajeando en forma ascendente en dirección a la cabeza utilizando la palma de las dos manos situadas una a cada lado de la columna vertebral. Al comenzar debemos aplicar movimientos muy suaves, para después incrementar gradualmente la presión en cada movimiento, asegurándonos de que en todo momento resulte confortable para el receptor.

2 Continuar con el rozamiento hacia arriba sobre la espalda media y la caja torácica.

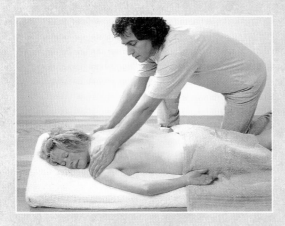

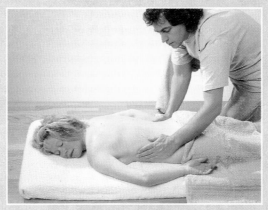

3 Cuando las manos alcancen el final de la espalda, continúe el movimiento sobre los hombros. Cuando vaya a rodear cada hombro ahueque las manos para cubrir el conjunto de la zona y mantenga cierta presión.

4 Deslice ambas manos hacia abajo por la parte exterior de los brazos y después por los costados del tronco para regresar a la espalda inferior. Aplicar el rozamiento con las manos muy cerca de la espina dorsal varias veces, después proseguir varias veces más con las manos más alejadas de la espina dorsal. Incrementar la presión desplazando el peso de su cuerpo hacia adelante sobre el receptor.

ROZAMIENTO CON EL DEDO PULGAR

Esta técnica se utiliza para dar un masaje más profundo sobre músculos muy ceñidos al cuerpo, tales como los situados en la espalda inferior. Los dedos pulgares se usan alternativamente, aplicando cada uno de ellos un movimiento muy corto sobre una zona pequeña del músculo. Los movimientos alternativos se repiten varias veces hasta que se note una relajación de los tejidos. Las manos se desplazan entonces hacia una nueva posición para trabajar otra parte del mismo músculo. La presión en este caso es ligeramente mayor que cuando se utilizan las palmas de las manos. Pensemos que debe ser una presión similar a la aplicada para ablandar masilla endurecida, arcilla de moldear o mantequilla. Si esto nos resulta difícil de imaginar, pensemos en reducir nudos en las fibras musculares. Habrá ocasiones en las que no haga falta estar ante un músculo ceñido al cuerpo para utilizar esta técnica. También es posible usar este movimiento para incrementar la circulación en una zona pequeña, como los dedos de las manos o de los pies. En estos casos la presión a aplicar es menor.

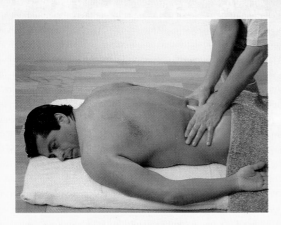

1 Sitúe las dos manos de forma que los dedos pulgares queden a un mismo lado de la espina dorsal. Aplicar un movimiento muy corto con un pulgar, siguiendo una línea bastante recta en dirección a la cabeza. Resultará más fácil para el conjunto de la mano avanzar hacia arriba en dirección a la cabeza con el pulgar ejerciendo un poco más de presión.

2 El segundo pulgar sigue la misma línea hacia la cabeza y aplica idénticos movimientos cortos. Puede resultar más confortable que la presión sea aplicada uniformemente por el conjunto de la mano, hasta que los pulgares se acostumbren a aplicar una presión mayor. El movimiento es en todo caso muy corto y concentrado sobre una zona pequeña del músculo cada vez.

MASAJE CON EL PUÑO

Esta técnica se aplica como un rozamiento, pero ejerciendo bastante presión. Se aplica en zonas como la región lumbar o allí donde los músculos estén muy tensos. La técnica se lleva a cabo cerrando los puños y usando después el dorso de los dedos para administrar rozamiento.

Procure evitar:

Dejar que el puño se doble o se retuerza para presionar con los nudillos en vez de con el dorso de los dedos.

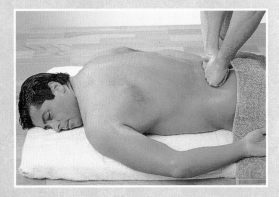

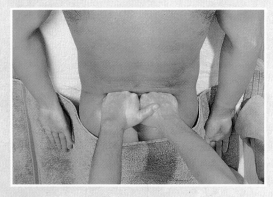

1 Situar cada mano, con los dedos cerrados en puño, una a cada lado de la espina dorsal. El puño debe presentarse de frente a la piel, de modo que los nudillos no se hundan en ella.

2 Mantener las manos pegadas a la espina de forma que masajeemos hacia arriba en dirección a la cabeza. Incrementemos gradualmente la presión inclinándonos hacia adelante, dejando que nuestro peso corporal se transmita a las manos.

AMASAMIENTO

«Petrissage» ha sido traducido como amasamiento, lo que resulta una apropiada descripción de esta técnica. Su efecto consiste en la relajación y suavización de músculos tensos y rígidos. Se consigue mediante el desentumecimiento de haces de fibras musculares, que tienden a endurecerse y a agarrotarse juntas cuando el músculo trabaja demasiado.
Se consigue así también incrementar la circulación a través del músculo y ayudar a reducir toxinas. La técnica consiste en tomar un músculo en concreto o bien un grupo de músculos y aplicar compresión con las dos manos. El amasamiento presenta muchas variantes, pero aquí se muestra una que utiliza el dedo pulgar de una mano y todos los dedos de la otra para comprimir los músculos. En algunas zonas es más fácil utilizar la base de la mano en lugar del pulgar. Tras apretar y retorcer el tejido muscular, éste se deja relajar casi por completo antes de volver a tomarlo para una nueva compresión.

Nota: *Hasta el final del movimiento sólo se produce un pequeño deslizamiento de los dedos. Los músculos más idóneos para esta técnica son los grupos musculares grandes como los de las piernas, espalda, nalgas y brazos.*

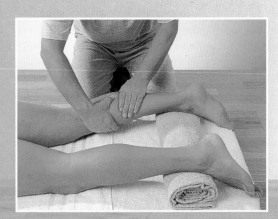

1 Sitúe los dedos de ambas manos en la parte interior de las pantorrillas, con los pulgares en la parte externa. Los dedos deben moverse alrededor de los músculos. Las puntas de los dedos pueden aplicar una pequeña presión extra para ayudar apretando un poco, aunque sin hundirse en los tejidos.

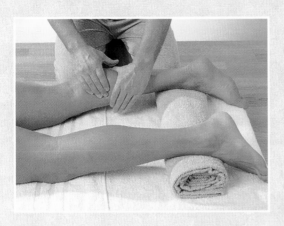

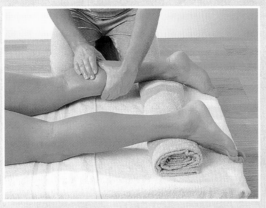

2 Aplique presión con las dos manos para comprimir y levantar los músculos. Utilice el pulgar de una mano contra los dedos de la otra. Podemos también retorcer los tejidos suavemente entre las dos manos a la vez. Evite pellizcar la piel.

3 Desplace las manos alrededor para cubrir tanto como sea posible los músculos de las pantorrillas. Si sus manos son muy pequeñas o el tejido muscular es demasiado grande para ellas, la compresión debe ser aplicada entre los dedos de una mano y la base de la otra.

1

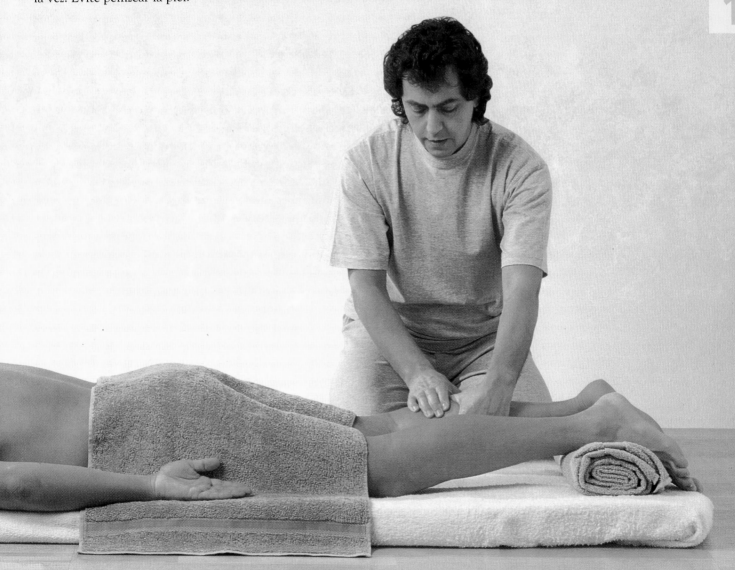

Nota: *Puede ayudar a entender este movimiento imaginar que tenemos que apretar un huevo duro con la cáscara quitada, y que no queremos romperlo. La técnica se repite varias veces hasta que notemos que el músculo se ha soltado.*

Procure evitar:

Los músculos de esta zona suelen estar tensos, y no conviene aplicar una presión brusca.

•

Utilizar técnicas de «effleurage» en vez de amasamiento si los músculos están muy rígidos.

Nota: *No resulta fácil discernir cuándo los tejidos se han tonificado, de modo que estos golpes alternativos han de darse sólo durante unos cuantos minutos, o hasta que el receptor sienta que ha llegado el tiempo de parar.*

Procure evitar:

Movimientos percusivos sobre:

•

La espina dorsal u otras zonas óseas

•

Cualquier tejido tenso, inflamado o blando

•

Sobre venas varicosas

•

Cabeza, pecho, abdomen o cuello

AMASAMIENTO CON UNA MANO

Esta técnica es llevada a cabo con una mano y la acción es más parecida al hecho de amasar que en el caso anterior. El amasamiento a una mano logra el mismo efecto que a dos manos, pero se aplica con más frecuencia sobre los músculos más pequeños, como el que encontramos encima del hombro, el trapecio superior. La compresión del músculo se aplica con la base de la mano y con los dedos, aunque los dedos tienen un papel más de soporte que de presión. La presión se incrementa gradualmente a cada movimiento.

1 Se debe trabajar sobre el hombro más alejado de quien aplica el masaje, levantando primero el músculo con los dedos. No se debe presionar demasiado con las puntas de los dedos si se está en una zona blanda. La base de la mano ha de situarse más abajo que el músculo, entre la espina dorsal y el omóplato. Se aplica una presión sobre el músculo con la base de la mano a la vez que se desliza hacia el final del hombro.

2 Cuando la base de la mano llega a lo alto del músculo, relaje la presión. No presione sobre la piel al final del movimiento. Una vez que la base de la mano vuelve a la posición de salida, los dedos elevan otra vez el músculo para repetir el movimiento.

MOVIMIENTOS PERCUSIVOS: GOLPETEO CON LOS MEÑIQUES

Los movimientos percusivos incrementan la circulación local de la piel. También estimulan las terminaciones nerviosas, como resultado de pequeñas contracciones musculares. El efecto de conjunto es el incremento del tono muscular (por ejemplo la potenciación de la respuesta muscular a los estímulos nerviosos).
La percusión con el dedo meñique también es conocida como tamborileo. El meñique de cada mano aplica alternativamente una ligera percusión sobre el tejido muscular, con la mano flexionada desde la muñeca y la presión controlada y mantenida al mínimo.

1 Situar las manos sobre el área a percutir, manteniendo los dedos rectos y apartados. Con una de las manos, comenzar el movimiento golpeando los tejidos con el meñique a la vez que flexionamos la muñeca. Cuando la mano golpea los tejidos, los dedos caen en cascada los unos sobre los otros, de modo que permanecen juntos durante un instante.

2 Elevar la mano para completar un movimiento de percusión y a la vez dejar caer la otra mano. Repetir el golpe con las manos, alternando varias veces.

MOVIMIENTOS PERCUSIVOS: AHUECADO

Se aplica con la mano en posición ahuecada, y produce un sonido parecido al que hacen los cascos de los caballos cuando galopan. Ahueque sus manos e imagínese sosteniendo una pelota de ping-pong en cada mano con las palmas vueltas hacia abajo pero sin cerrar los dedos. Aplique suficiente presión en el golpe para estimular la piel sin llegar a provocar incomodidad. Los movimientos se repiten durante un minuto o dos o hasta que el receptor crea que ya es suficiente.

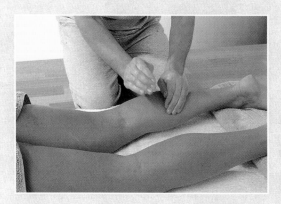

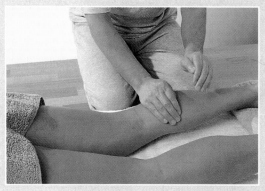

1 Sitúe las manos de modo que estén encima de la zona a percutir. Lleve a cabo el movimiento con la muñeca casi rígida y el antebrazo completo moviéndose arriba y abajo para percutir.

2 Una vez que las manos impacten sobre los tejidos, levántelas de nuevo, pero a diferencia de la percusión con los dedos, esta técnica no se aplica mediante movimientos muy rápidos. La segunda mano comienza a descender cuando la primera se ha elevado del todo.

MASAJE PARA MEJORAR EL DRENAJE LINFÁTICO

El objetivo de esta técnica es contribuir a un mejor flujo de la linfa a través de los vasos linfáticos y reducir cualquier edema o inflamación que pueda darse. El paso con el que la linfa se mueve es muy lento y el masaje equilibra esta velocidad. El drenaje linfático requiere una presión muy ligera para evitar la compresión de los vasos y la restricción del libre flujo del fluido. El movimiento utilizado es un rozamiento muy suave y lento, aplicado sobre los ganglios linfáticos, localizados en zonas como la ingle, las corvas y las axilas. El movimiento es más un arrastrar hacia adelante las manos, que la aplicación de una presión. El peso mismo de las manos debe ser casi suficiente. Cada movimiento ha de repetirse varias veces. Más abajo se desarrolla un ejemplo.

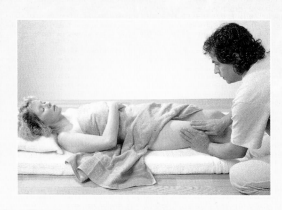

1 Los muslos deben ser drenados mediante técnica de rozamiento, desde las zonas externas a las internas. Las manos han de trabajar juntas y los contactos han de ser hechos con toda la mano. Desde la zona exterior del muslo hay que desplazarse hacia los ganglios linfáticos de la ingle. El trayecto desde la parte inferior del muslo a la superior debe durar de ocho segundos.

2 Cuando se alcanza la ingle, debemos volver a la posición inicial para repetir el movimiento. Aplique este movimiento varias veces más con las manos en el lado interno del muslo. Es preciso administrar la técnica de rozamiento hacia la ingle como en el movimiento anterior.

Procure evitar:

Intentar el drenaje linfático cuando se den síntomas tales como: Calor inexplicado o inflamación

•

Hinchazón de todo el cuerpo asociada a enfermedades como cáncer o problemas cardíacos

•

Linfoadenoma (tumor del tejido linfático)

•

Linfoedema (edema debido a obstrucción de los vasos linfáticos)

•

Cáncer de mama

ACUPRESIÓN

. . . .

Los chinos y los japoneses desarrollaron el arte y la aplicación del masaje a zonas específicas del cuerpo. El shiatsu y la acupresión son dos ejemplos de sus tratamientos.

El equilibrio de la energía como tratamiento médico ha sido un criterio sanitario en China y Japón durante miles de años. Las energías corporales aparecían mencionadas en la literatura japonesa ya en el siglo VI d. de C. La acupresión, que es más antigua que la acupuntura, fue utilizada por los doctores en China, y más tarde por el pueblo llano, desde el siglo V a. de C. Una leyenda que pudo haber anunciado el desarrollo de la investigación del tratamiento a través de la energía, hace miles de años, describe cómo un soldado fue herido en el tendón de Aquiles, justo encima del tobillo. Una vez que se hubo quitado la flecha, descubrió que la enfermedad artrítica que padecía desde antes, remitió.

Otra posible explicación tiene un origen religioso y cultural. Los chinos creían que para que una persona llegase al cielo, su cuerpo debía ser enterrado intacto. Esto creó un problema a los médicos, ya que no podían abrir u operar. También se dice que los doctores sólo podían ver a sus pacientes completamente vestidos.

Estos pudieron ser los antecedentes del desarrollo del sistema de medicina china de diagnosis y tratamiento. El diagnóstico conllevaba la observación de la cara del paciente, sus ojos, arrugas, respiración, lengua y voz, además de la evaluación de la fuerza y el ritmo de los pulsos corporales. El tratamiento incluía ligeros toques en puntos concretos, acupuntura mediante agujas, prescripción de hierbas, meditación, artes marciales y ejercicio. Algunos nombres que recibían los tratamientos eran Jin Shin Jitsu, puntos Tsubo, Shiatsu y Acupresión.

LOS CANALES DE ENERGÍA

El concepto de campos energéticos define doce caminos a través del cuerpo, conocidos como meridianos. Cada camino pasa a través de órganos, superficies de la piel y músculos, entre otros. La energía conocida como Ki (fuerza vital), fluye a través del cuerpo y representa la fuerza cósmica de camino hacia la Tierra, y viceversa. Las personas están pues gobernadas por las mismas leyes de la energía que rigen en los microorganismos y en el Universo. Esta energía está fluyendo constantemente y es responsable del permanente cambio y equilibrio (Ying y Yang, una espiral de cambio). Cualquier interrupción o excesiva elevación de esta energía a lo largo de uno cualquiera de los caminos o meridianos tiene un efecto adverso en el cuerpo, desembocando en una enfermedad, disfunción o trauma emocional. Sentir la energía y equilibrar su flujo constituyen la ciencia y el arte de las terapias basadas en ella, incluida la acupuntura. Aprovechar el poderoso efecto de la acupuntura es lo que se ha estado haciendo en China durante las operaciones quirúrgicas, en lugar de la anestesia.

Además de los doce meridianos, hay ocho canales de intersección a través de los cuales fluye la energía Ki. Son conocidos como los flujos desconocidos de la acupresión. Los puntos están situados a lo largo del cuerpo y pueden ser golpeados ligeramente para mejorar el flujo de la energía a través del cuerpo. Esto tiene, además, el efecto indirecto de reforzar el funcionamiento de los distintos órganos, anular el dolor y reducir el estrés. Estos puntos son conocidos en acupresión como Jin Shin Do o puntos taoístas Shen, y están trazados en distintos lugares del cuerpo. Pueden ser activados mediante toques ligeros con un dedo y como a veces están sensibles, su localización no debe ser dificultosa. Una vez que la zona ha sido establecida, debemos ejercer presión durante unos segundos antes de desplazarnos a otro punto. Debemos destacar que la sensibilidad de la piel se puede explicar en términos psicológicos. Algunas zonas específicas de la superficie corporal están relacionadas con órganos, glándulas y articulaciones,

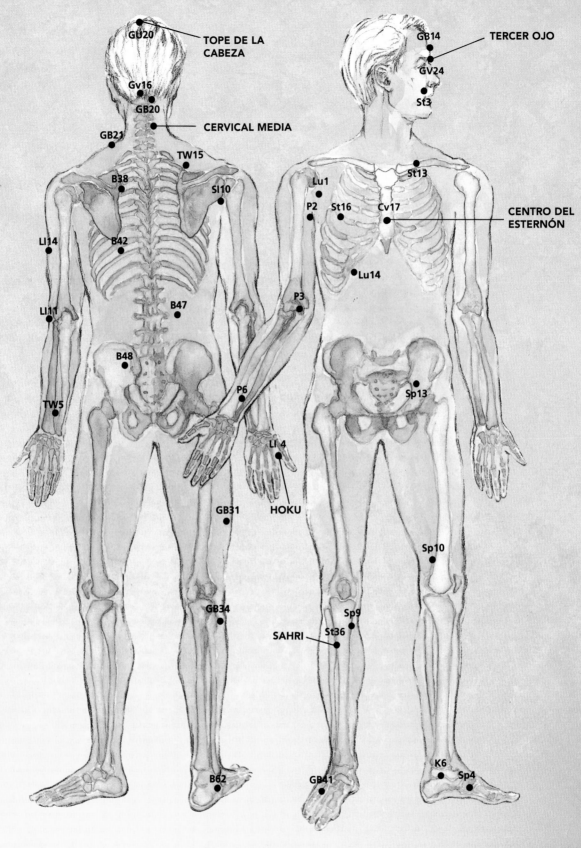

GV20
TOPE DE LA
CABEZA

Gv16

GB20

CERVICAL MEDIA

GB21

TW15

B38

SI10

LI14

B42

LI11

B47

B48

TW5

P3

P6

LI 4

GB31

HOKU

GB34

SAHRI

St36

Sp9

GB41

B62

GB14
TERCER OJO

GV24

St3

St13

Lu1

P2

St16

Cv17

CENTRO DEL
ESTERNÓN

Lu14

Sp13

Sp10

K6

Sp4

Los puntos de acupresión mostrados arriba están localizados en zonas utilizadas habitualmente en acupuntura. Se dan, por consiguiente, las mismas letras y números, por ejemplo, Gobernante 16 (Gv16), Estómago 3 (St3), Bazo 10 (Sp10), Vejiga 47 (B47) y así sucesivamente. La mayor parte de estos puntos se presentan bilateralmente, uno a cada lado del cuerpo.

estableciéndose la conexión a través de los circuitos nerviosos entre los distintos órganos, la espina dorsal y la piel. Cualquier disfunción, inflamación o enfermedad tiene como resultado la sensibilización de una (o más) de estas zonas. Puede servir como ejemplo la presencia de dolor en el conjunto de la zona abdominal en las apendicitis, o los dolores en los hombros relacionados con problemas de hígado o de vesícula. Resulta interesante destacar que algunas de estas zonas reflejas se relacionan con puntos de energía.

Mi experiencia me indica que el tratamiento de estos puntos mediante toques muy ligeros resulta beneficioso en determinadas circunstancias. Me referiré a estos puntos a lo largo de este libro, no como tratamiento en sí mismo, cosa que nos llevaría mucho tiempo y sólo resulta recomendable para expertos, sino como complemento para las técnicas de masaje.

CÓMO APLICAR MASAJE DE ACUPRESIÓN

Aunque se le califica como masaje, no hay golpes o deslizamientos de los dedos o de las manos en la acupresión. La técnica se caracteriza por la aplicación de una ligera presión con los dedos sobre los **puntos de acupresión** y el mantenimiento de esta posición durante algunos segundos. En la medicina china, la localización de cada punto es muy precisa debido a la no menos precisa posición de los canales de energía. Los puntos se acupresión se denominan mediante letras y cifras, que se corresponden con los establecidos en acupuntura. La mayor parte de los puntos se presentan en parejas, por ejemplo, uno en el lado izquierdo del cuerpo y otro en el lado derecho. Otros son puntos singulares, normalmente en la línea central del cuerpo.

Para recibir un tratamiento de acupresión, el receptor se acuesta sobre su espalda o sobre su estómago. También puede suceder, y en algunos casos es preferible, que se traten ciertos puntos con el receptor sentado. Es imprescindible cuando se lleva a cabo un autotratamiento.

MASAJE DE ACUPRESIÓN

En algunos casos se tratan dos puntos a la vez, lo que implica la aplicación simultánea de la presión a puntos de acupresión equivalentes en los lados izquierdo y derecho del cuerpo. Otras veces se tratan a la vez dos puntos distintos del cuerpo con el receptor sentado, como se muestra aquí.

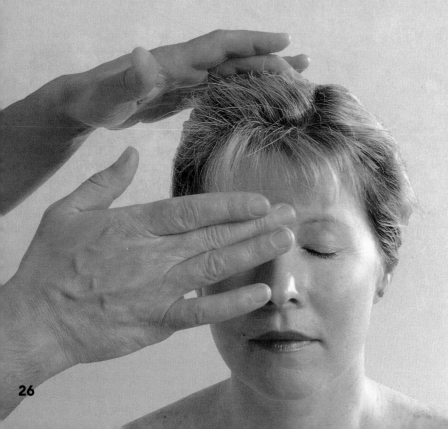

1 Colocarse a un lado del receptor. Situar el dedo corazón de una mano en el **tope de la cabeza (GV20)** y el dedo corazón de la otra mano sobre el **Tercer Ojo (GV24),** localizado entre las cejas. Aplicar una presión ligera sobre cada punto y mantenerla durante varios segundos. Después, disminuir suavemente la presión y retirar los dedos.

REFLEXOLOGÍA

· ·

Reflexología es el término utilizado para nombrar un tipo de masaje que se aplica sobre zonas determinadas de los pies. Los llamados puntos reflejos están relacionados con los órganos y otras partes del cuerpo. El masaje sobre estos puntos tiene un efecto beneficioso.

La reflexología se originó como resultado del trabajo de un médico norteamericano, el doctor William Fitzgerald. Una vez graduado en medicina en la Universidad de Vermont en 1895, viajó a Europa con el fin de trabajar en diversos hospitales. En los primeros años del siglo XX desarrolló la teoría de que un experto podía tener una influencia considerable sobre los órganos del cuerpo mediante la aplicación de cierta presión digital sobre determinadas zonas. Esta teoría se basó en la técnica china de tratamiento del cuerpo mediante presión o clavando agujas en zonas concretas, en forma de acupresión o de acupuntura. Mientras que el método chino se basaba en doce meridianos

a través de los que se dice que fluye la energía, el doctor Fitzgerald descubrió, o anunció, que sólo había diez áreas, que llamó zonas. Parece que su tratamiento también se diferenciaba del chino en que los puntos de presión estaban localizados en su mayoría en el pie, y no a través del conjunto del cuerpo.

El método del doctor Fitzgerald fue adoptado por Eunice D. Ingham, una masajista americana. Mientras aún se sostenía que este tratamiento se basaba en la filosofía china de los senderos de energía fluyendo a través de los órganos del cuerpo y los pies, la señora Ingham hablaba de los puntos de presión sobre los pies como zonas donde podemos encontrar

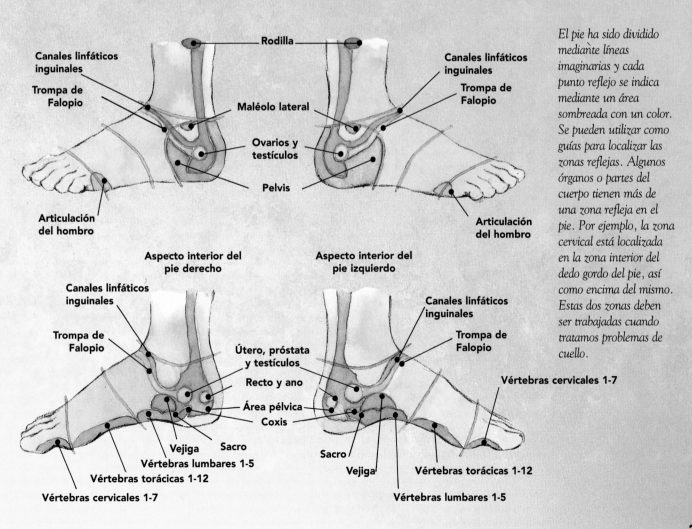

Aspecto externo del pie izquierdo

Aspecto externo del pie derecho

Rodilla

Canales linfáticos inguinales

Canales linfáticos inguinales

Trompa de Falopio

Trompa de Falopio

Maléolo lateral

Ovarios y testículos

Pelvis

Articulación del hombro

Articulación del hombro

Aspecto interior del pie derecho

Aspecto interior del pie izquierdo

Canales linfáticos inguinales

Canales linfáticos inguinales

Trompa de Falopio

Trompa de Falopio

Útero, próstata y testículos

Recto y ano

Área pélvica

Coxis

Vértebras cervicales 1-7

Vejiga

Sacro

Sacro

Vértebras lumbares 1-5

Vejiga

Vértebras torácicas 1-12

Vértebras torácicas 1-12

Vértebras cervicales 1-7

Vértebras lumbares 1-5

El pie ha sido dividido mediante líneas imaginarias y cada punto reflejo se indica mediante un área sombreada con un color. Se pueden utilizar como guías para localizar las zonas reflejas. Algunos órganos o partes del cuerpo tienen más de una zona refleja en el pie. Por ejemplo, la zona cervical está localizada en la zona interior del dedo gordo del pie, así como encima del mismo. Estas dos zonas deben ser trabajadas cuando tratamos problemas de cuello.

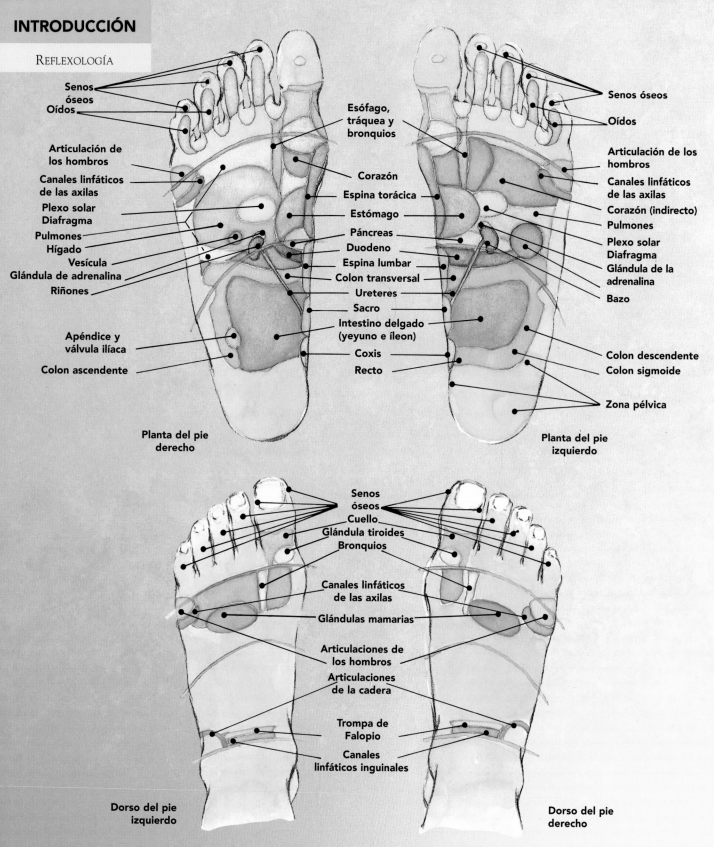

Senos óseos
Oídos
Articulación de los hombros
Canales linfáticos de las axilas
Plexo solar Diafragma
Pulmones
Hígado
Vesícula
Glándula de adrenalina
Riñones
Apéndice y válvula ilíaca
Colon ascendente

Esófago, tráquea y bronquios
Corazón
Espina torácica
Estómago
Páncreas
Duodeno
Espina lumbar
Colon transversal
Ureteres
Sacro
Intestino delgado (yeyuno e íleon)
Coxis
Recto

Senos óseos
Oídos
Articulación de los hombros
Canales linfáticos de las axilas
Corazón (indirecto)
Pulmones
Plexo solar Diafragma
Glándula de la adrenalina
Bazo
Colon descendente
Colon sigmoide
Zona pélvica

Planta del pie derecho

Planta del pie izquierdo

Senos óseos
Cuello
Glándula tiroides
Bronquios
Canales linfáticos de las axilas
Glándulas mamarias
Articulaciones de los hombros
Articulaciones de la cadera
Trompa de Falopio
Canales linfáticos inguinales

Dorso del pie izquierdo

Dorso del pie derecho

diminutas cristalizaciones. Su explicación acerca de estas cristalizaciones, que queda expuesta en su libro *Las historias que los pies pueden contar* (1938), desarrolla la tesis de que las terminaciones nerviosas reflejan un órgano determinado, por ejemplo, el hígado. Añade que estas formaciones cristalizadas se introducen con la circulación de la sangre en el órgano en cuestión, impidiéndole funcionar nor-

malmente. Con el fin de reducir la cristalización y mejorar la función del órgano con el que se relaciona, se aplica una suave presión sobre la terminación nerviosa. Tanto si creemos en una explicación fisiológica como en una basada en la filosofía china de la energía, la reflexología, o terapia de las zonas reflejas, como también se le denomina, ha demostrado ser beneficiosa para muchas partes y funciones del cuerpo y para ayudar en el tratamiento de varias clases de indisposiciones.

Algunos de los puntos reflejos más comunes se muestran en este libro. Tal y como sucede con los puntos de acupresión, el uso de estos puntos reflejos en los pies no quiere decir que se domine una terapia plena de tratamiento de zonas reflejas. Esto sólo puede llevarse a cabo por un terapeuta experto. Sin embargo, según mi experiencia, los puntos reflejos incluidos aquí pueden utilizarse con toda garantía a lo largo de un masaje.

MASAJE DE PUNTOS REFLEJOS

El masaje mediante reflexología puede ser aplicado con el receptor sentado en una silla o acostado. Los cojines se pueden usar para descansar el pie que esté siendo tratado y elevarlo hasta una altura adecuada para el que lo aplica. No se necesita aceite de masaje.

Para localizar los puntos reflejos se pueden consultar los diagramas de las páginas 27 y 28. El masaje se aplica mediante la aplicación de una suave presión intermitente con el extremo del dedo pulgar. El receptor puede experimentar un dolor agudo en la zona si ese punto en concreto precisa tratamiento. Se puede continuar masajeando si el dolor lo permite, pero no debemos presionar demasiado en un intento de provocar una reacción. Hay que tratar un punto de forma continuada con la presión intermitente del pulgar, sobre la misma zona y durante unos segundos, o hasta que el dolor remita. Una vez que hayamos trabajado sobre un punto, podemos pasar a tratar otro distinto. El tratamiento ha de ser repetido sobre cualquiera de los puntos durante una misma sesión. Más abajo se aporta un ejemplo de masaje mediante reflexología.

MASAJE REFLEJO SOBRE EL PLEXO SOLAR

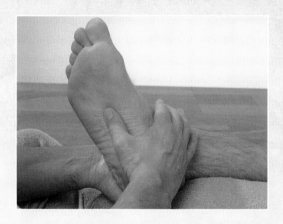

1 El receptor está acostado en posición supina. Apoye el pie sobre unos cojines y sosténgalo con ambas manos. Utilice el dedo pulgar para localizar el punto reflejo.

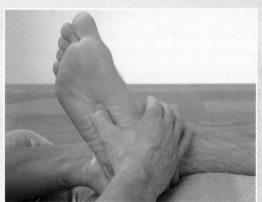

2 Aplique la presión intermitente sobre la zona refleja. Podrá notar pequeñas cristalizaciones que deberán reducirse a medida que apliquemos el masaje. Necesitará ser orientado por la reacción del receptor para extenderse o bien acortar ante cualquier incomodidad.

El plexo solar es una importante confluencia nerviosa situada en el abdomen, justo bajo la caja torácica. Es también un punto de la anatomía en el que tienden a localizarse las tensiones. Al masajear sus puntos reflejos en los pies inducimos su relajación. Puede ejecutarse al comienzo, al final o en el contexto de una sesión de masaje.

DOLOR DE ESPALDA

El dolor de espalda es una de las quejas más comunes que se encuentran los médicos y una de las causas más frecuentes de absentismo laboral.

Se estima que aproximadamente un 30% de la población sufre dolor de espalda habitualmente, y cuatro de cada cinco personas sufrirán dolor de espalda alguna vez durante su vida. Sólo en Gran Bretaña se calcula el coste producido por el dolor de espalda en gastos médicos y absentismo en 350.000.000 de libras.

La parte inferior de la espalda es el área más susceptible de presentar estos problemas, siendo los más frecuentes achacados al lumbago. Es éste un término no muy preciso, y se refiere a sensaciones de malestar que van desde un dolor que se alivia intermitentemente hasta otro más agudo experimentado a lo largo de la espalda inferior. El síntoma más común es una forma difusa de dolor de espalda. Puede ser consecuencia de permanecer sentado largos periodos de tiempo, conduciendo o trabajando en casa, en tareas de decoración, jardinería o ejercicios inhabituales. El malestar se manifiesta a partir del agarrotamiento de los músculos cuya función es mantener la postura o encorvar o hacer girar el tronco.

Las sustancias derivadas del trabajo muscular incluyen dióxido de carbono, ácido láctico y agua, todas las cuales necesitan ser liberadas mediante la circulación, para evitar «atascar» el tejido muscular. Cuando el músculo se sobrecarga o la circulación se deteriora, estos productos se acumulan alrededor del músculo e irritan las terminaciones nerviosas, produciendo un dolor que varía en intensidad. El masaje incrementa la circulación a través del tejido muscular, ayudando a expulsar los productos residuales y, consiguientemente, a reducir el agarrotamiento y el dolor.

Una concentración de los fluidos corporales en la zona lumbar, causante de cierta presión, puede ser también una causa del dolor lumbar. Esto puede suceder tras una lesión, tal como una torsión lumbar. También puede asociarse a cambios hormonales como los de la menstruación y con enfermedades artríticas. Las técnicas de drenaje linfático pueden utilizarse para contribuir al movimiento de los fluidos.

El dolor de espalda puede complicarse en algunas personas, debido a un incremento de la curvatura lumbar, conocido clínicamente como lordosis, donde la espalda aparece extremadamente ahuecada. Esto puede conducir a numerosos problemas, incluyendo la compresión de la espina dorsal, las hernias discales, las artritis y la retención de fluidos. Tales enfermedades requieren la atención de un profesional generalista o un terapeuta complementario especializado en fisioterapia.

PRECAUCIONES

El diagnóstico certero de la causa del dolor lumbar es uno de los más complicados a los que se enfrentan los médicos. Normalmente tienen su causa en pequeñas lesiones o esguinces, pero no siempre es éste el caso. Por ejemplo, los problemas renales pueden desembocar en vagos dolores de espalda que varían en intensidad. Las hernias discales producen dolores muy severos con la mayoría de los movimientos. Los esguinces musculares son muy comunes y producen también dolores agudos, que se hacen todavía mayores con el movimiento. Tanto las hernias discales como los esguinces pueden derivarse de problemas posturales o de lesiones. Es probable que desemboquen en una inflamación de una raíz nerviosa principal y se acompañen de ciática, que irradia el dolor hacia la parte posterior de la pierna. Las desviaciones de la columna no incapacitan necesariamente y el dolor que producen es un malestar permanente que puede hacerse más agudo tras un determinado movimiento. Cualquiera de estos trastornos puede sufrirse tras levantar objetos pesados, hacer deporte, llevar a cabo movimientos bruscos o realizar tareas inusuales. Además del dolor en esa zona, se puede presentar dolor irradiado, pér-

EJERCICIOS PARA LA REGIÓN LUMBAR

1 Túmbese sobre su espalda en el suelo. Sostenga sus rodillas con las dos manos y llévelas hacia el pecho. Evite causarse cualquier daño innecesario por exceso de presión. Inspire profundamente, y cuando expulse el aire, atraiga aún más sus rodillas hacia el pecho. Repita varias veces.

2 Sitúese ante una mesa resistente, o ante una barandilla, la encimera de la cocina o cualquier cosa similar, que no resulte fácil de desplazar. Póngase a una distancia de 45 centímetros y agarre la tabla con las dos manos. Inclínese hacia adelante desde las caderas, manteniendo rectas las piernas. Su espalda ha de mantener una línea recta horizontal. Estire hacia afuera las nalgas para estirar la zona lumbar. Mantenga esta posición durante varios ciclos respiratorios, incrementando el estiramiento al espirar.

Estos ejercicios pueden usarse para relajar el agarrotamiento muscular y resultan útiles en caso de incremento de la curvatura lumbar. No deben llevarse a cabo en caso de esguince muscular.

DOLOR DE ESPALDA

2

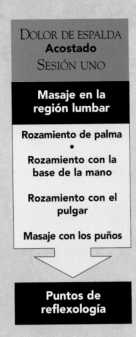

DOLOR DE ESPALDA **Acostado** SESIÓN UNO	DOLOR DE ESPALDA **Acostado** SESIÓN DOS
Masaje en la región lumbar	**Masaje en la zona superior de la espalda y hombros**
Rozamiento de palma • Rozamiento con la base de la mano Rozamiento con el pulgar Masaje con los puños	Rozamiento con la palma • Rozamiento entrecruzado • Rozamiento con la palma reforzado • Rozamiento con el pulgar • Masaje con los puños

Puntos de reflexología

...dida de sensibilidad, pérdida de fuerza muscular, sensación de calor o de frío o sensación de pinchazos. Las zonas afectadas pueden incluir el dorso, el abdomen, la pelvis y las piernas y pies.

Este tipo de problemas es mejor que los trate un profesional o un terapeuta de la especialidad de osteopatía. El masaje, por consiguiente, no es recomendable en situaciones de este tipo, y si no queda más remedio, es mejor que lo aplique un terapeuta cualificado.

Procure evitar:

Dar masaje en la zona lumbar si presenta:
Calor de origen no conocido o inflamación
•
Concentración de fluidos asociada a enfermedades como cáncer o problemas cardíacos
•
Dolor al moverse o al tocar la zona con los dedos

SUGERENCIAS DE AUTOAYUDA

Los que siguen a continuación son indicadores que le van a ayudar a reconocer síntomas asociados con problemas lumbares, e instruyen acerca de cómo manejar la situación hasta que se administre el tratamiento médico más adecuado.

Dolores agudos: Los dolores agudos, cuya intensidad se hace mayor con el movimiento, no deben tratarse como si fueran leves. Este tipo de dolor es muy severo cuando nos damos la vuelta en la cama, o cuando nos sentamos o levantamos o si nos inclinamos, aunque sea ligeramente, hacia adelante. Pueden acompañarse de dolor o malestar en otra parte del cuerpo. Aplique una toalla fría y húmeda en la zona lumbar. Así reducirá la concentración de fluidos y la inflamación. Introduzca una toalla doblada en agua fría del grifo y escúrrala. Aplíquela sobre la zona unos diez minutos. Dé la vuelta a la toalla y refrésquela en el agua con frecuencia para mantener el tejido frío. En cualquier caso, mantenerse acostado boca abajo es la postura más cómoda y descansada hasta que el dolor remita lo bastante como para moverse o hasta que se consiga asistencia médica.

Calor: Un calor notable sobre la región lumbar, aunque no restrinja del todo los movimientos, puede indicar una inflamación de las terminaciones nerviosas. En esta situación, aplique una toalla húmeda y fría por la mañana y antes de acostarse y busque consejo médico cuanto antes.

Dolor persistente: Un dolor persistente asociado a una larga permanencia sentados, o a la realización de tareas tales como la jardinería o el bricolaje, puede tener su origen en el agarrotamiento muscular. Aplique calor mediante toallas calientes, o a través de baños o bolsas de agua caliente. Consulte al médico o al fisioterapeuta, si el dolor no remite, o persiste varios días después de que haya cesado la actividad que lo provocó.

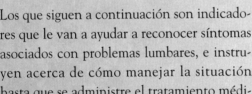

ACEITES ESENCIALES

Utilícense en caso de músculos agarrotados, rígidos o doloridos. Estos aceites tienen un fuerte efecto analgésico.

Romero • Mejorana • Camomila • Lavanda

Utilizar una o una mezcla de dos esencias y poner cinco gotas en un baño caliente. Pueden mezclarse con un aceite portador para el masaje. Usar un 2% de esencia en el aceite.

LA REGIÓN LUMBAR

La siguiente sesión se utiliza en casos de dolor lumbar. El tiempo requerido para el total desarrollo de la sesión puede variar según el receptor, pero veinte minutos es un promedio razonable.

ROZAMIENTO CON LA PALMA

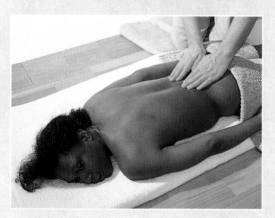

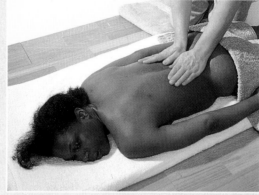

Este masaje por rozamiento estimula la circulación en la zona y relaja al receptor, a la vez que inicia el relajamiento muscular general. Repita el movimiento varias veces, hasta que el receptor sienta que ha llegado la hora de parar. Puede colocar un cojín bajo el abdomen del receptor para mayor comodidad.

1 Comience en el límite superior de las nalgas. Coloque las manos a cada lado de la espina dorsal, toda ella en contacto con la piel y los dedos apuntando a la cabeza. Masajee con las dos manos a la vez, en dirección a la cabeza.

2 Mantenga las manos muy pegadas a la espina dorsal y contacte con el conjunto de la palma. Aplique el masaje de rozamiento hacia arriba, hasta que sus manos alcancen la primera costilla. Después gire los dedos hacia la parte externa del tronco.

3 Cuando sus manos estén en esta posición, masajee mediante rozamiento en dirección a las nalgas, reuniendo de nuevo sus manos en el centro. Después gire los dedos hasta apuntar a la cabeza y comience de nuevo el movimiento.

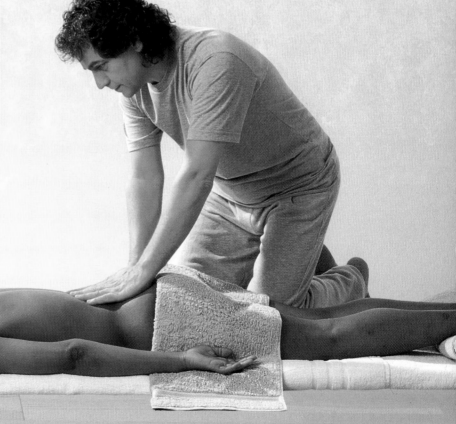

ROZAMIENTO CON LA BASE DE LA MANO

Este movimiento es un rozamiento con la palma, pero poniendo el énfasis en la base de la mano. Se utiliza para relajar el tejido muscular y para estirar la zona de los costados, hacia el lateral del tronco. Aplique esta técnica tras hacer entrar en calor la zona mediante el masaje por rozamiento descrito previamente. Evite aplicar este movimiento en la zona de los riñones. Repítalo varias veces, o hasta que el receptor perciba que ha llegado el momento de parar.

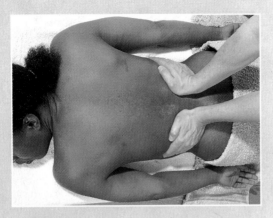

1 Comience el movimiento situando ambas manos muy próximas a la espina dorsal, con los dedos apuntando hacia los lados exteriores del tronco. Las manos han de seguir la curva del tronco y el contacto se lleva a cabo con el conjunto de la palma y los dedos.

2 Aplique presión con la base de la mano mientras efectúa el rozamiento hacia afuera. Afloje la presión cuando la punta de los dedos toque la superficie sobre la que esté acostado el receptor, y también cuando la base de las manos pase sobre las zonas más blandas. Vuelva sobre la posición de salida y repita.

TÉCNICAS REPETIDAS

Técnica repetida

ROZAMIENTO CON EL DEDO PULGAR
Ver página 19
•
Seguido por ROZAMIENTO CON LA BASE DE LA MANO

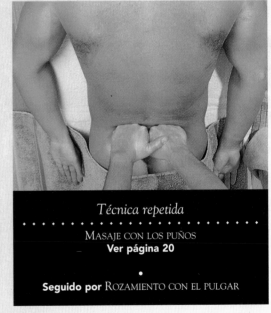

Técnica repetida

MASAJE CON LOS PUÑOS
Ver página 20
•
Seguido por ROZAMIENTO CON EL PULGAR

PUNTOS REFLEJOS -
ESPINA DORSAL Y REGIÓN LUMBAR

1 Ponga el pie sobre un cojín o sobre su regazo. Utilice una mano para sostener el pie mientras con la otra aplica presión con el pulgar. La zona reflejada está en el empeine, justo debajo de los huesos. Quizá necesite encontrar el punto exacto tanteando con su dedo pulgar. Cuando toque un punto reflejo que necesite tratamiento, el receptor se quejará de un dolor agudo, o bien los tejidos bajo su pulgar le darán una sensación «arenosa».

Una vez que el punto ha sido localizado, trate la zona mediante la aplicación de una presión intermitente de modo que el dedo comprima durante un segundo, antes de relajarse de nuevo. Continúe con esta técnica de 6 a 10 segundos, antes de desplazarse hacia otro punto.

El tratamiento de todos los puntos reflejos localizados puede ser repetido en la misma sesión si se considera necesario.

La zona del pie que refleja la espina en la región lumbar está en el empeine. Hay algunos huesos prominentes en esa parte y el pulgar debe recorrerlos.

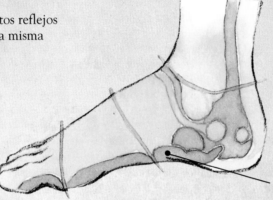

Vértebras lumbares 1-5

MASAJE SOBRE PUNTOS
REFLEJOS AUTOADMINISTRADO

1 Localice el punto o los puntos como se indicó antes, palpando con el pulgar las partes blandas. Trate un punto mediante la aplicación de presión intermitente con el pulgar de 6 a 10 segundos. Desplácese hacia otro punto reflejo. Cuando haya tratado todos los puntos que estén blandos, regrese al primero y repita el proceso.

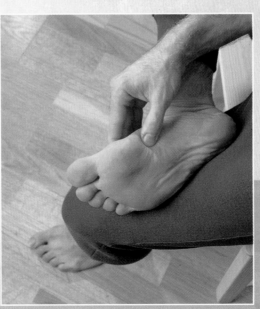

Para tratar usted mismo los puntos reflejos, siéntese en una silla, o sobre el suelo, y sitúe un pie encima del muslo de la pierna opuesta.

ESPALDA SUPERIOR Y HOMBROS

La parte superior de la espalda y los hombros son muy susceptibles de sufrir dolores relacionados con las posturas y el trabajo. En algunas personas, la columna vertebral de la espalda superior desarrolla una curva hacia afuera que puede derivarse de una postura habitual o de la forma que toman los huesos durante el crecimiento. Los músculos en esta zona están tensos probablemente para reequilibrar esta postura. El masaje sirve para reducir esta tensión.

ROZAMIENTO CON LA PALMA

Este rozamiento se utiliza para potenciar la circulación, hacer entrar en calor la zona y relajar. Puede repetirse varias veces.

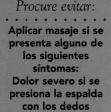

Procure evitar:

Aplicar masaje si se presenta alguno de los siguientes síntomas: Dolor severo si se presiona la espalda con los dedos

•

Calor excesivo e inexplicado

•

Dolor irradiado a los brazos o a la caja torácica

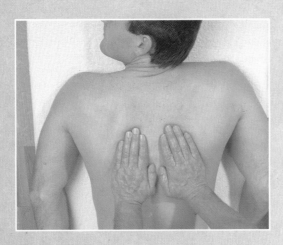

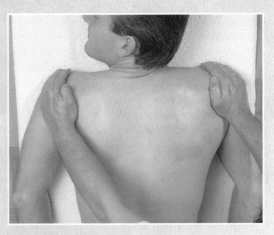

1 Coloque las manos una a cada lado de la columna con los dedos apuntando hacia la cabeza. Tenga cuidado de evitar presionar la propia columna. Comience el masaje en la mitad de la espalda hacia arriba, en dirección a la cabeza.

2 Continúe el movimiento hacia afuera hasta abarcar los hombros. Ahueque las manos para masajear los hombros en redondo.

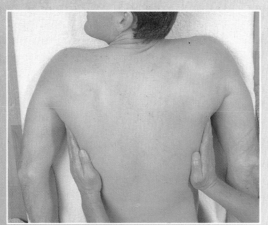

3 Después relaje la presión, mantenga el contacto con sus dedos y la palma de la mano y masajee el lado externo del tronco moviendo las manos hacia abajo. Vuelva la base de cada mano hacia la columna hasta que ambas se encuentren en la mitad de la espalda. Gire los dedos de modo que apunten hacia la cabeza otra vez y repita el movimiento.

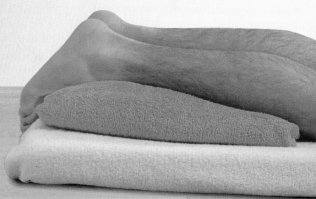

ROZAMIENTO ENTRECRUZADO

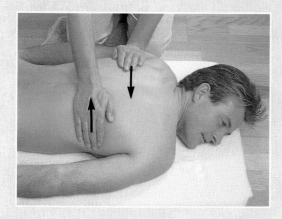

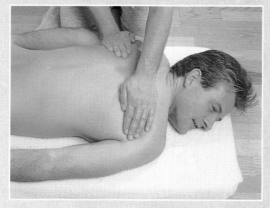

El masaje mediante rozamiento entrecruzado puede utilizarse como complemento del rozamiento con la palma de la mano para una relajación general y para calentamiento.

1 Coloque una mano junto a la espina en el lado más próximo a usted y la otra mano en el lado opuesto, con los dedos de ambas manos apuntando hacia afuera.

2 Haga contacto con las palmas y los dedos y masajee mediante el movimiento de las manos en direcciones opuestas a través de la espalda.

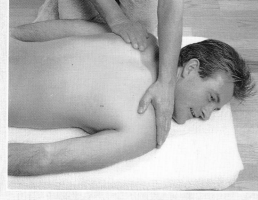

4 Lleve a cabo los movimientos del rozamiento entrecruzado trabajando de nuevo hacia abajo hasta la mitad de la espalda. Este movimiento se desarrolla muy lentamente y se repite varias veces para obtener un efecto relajante.

3 Comience en la mitad de la espalda y prosiga el movimiento hacia arriba hasta abarcar los hombros y la parte superior de los brazos.

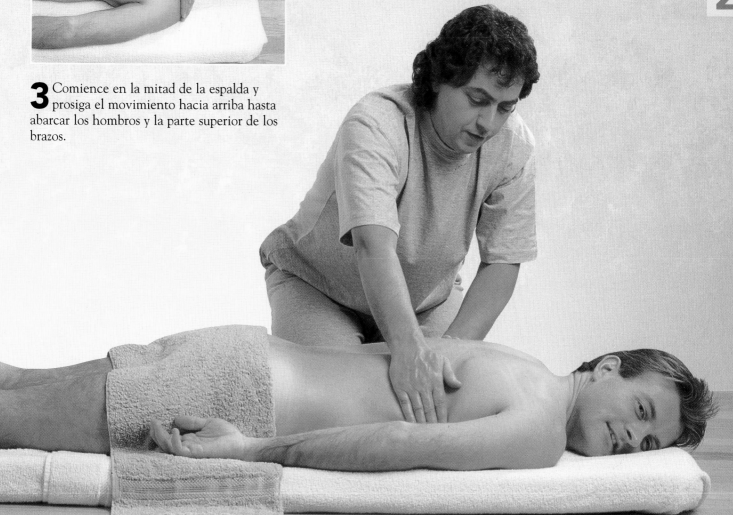

ROZAMIENTO REFORZADO CON LA PALMA - HOMBROS

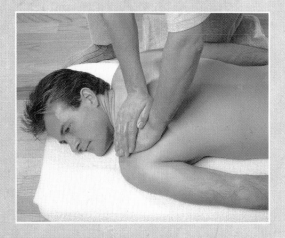

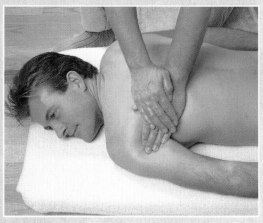

El rozamiento reforzado con las palmas de la mano le permite incrementar la presión cuando masajea zonas fuertemente musculadas, como los hombros.

1 Ponga las manos sobre el hombro contrario a su posición. Utilice una mano reforzada con la otra, rodeando con el masaje de rozamiento todo el hombro.

2 Comience en el extremo del hombro y prosiga el movimiento circular hacia la zona exterior.

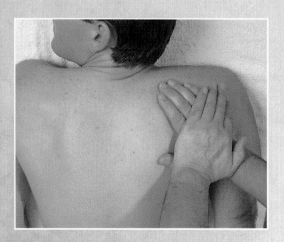

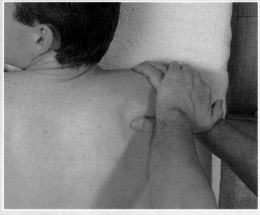

3 El mismo movimiento puede ser aplicado sobre el hombro más próximo a su posición. Sitúe las manos en la misma posición que en el otro lado, una encima de la otra, aplicando fundamentalmente la presión con la mano situada arriba.

4 Comience por la parte superior del hombro. Haga rozamiento en círculo hacia la zona exterior y sobre la parte superior del brazo.

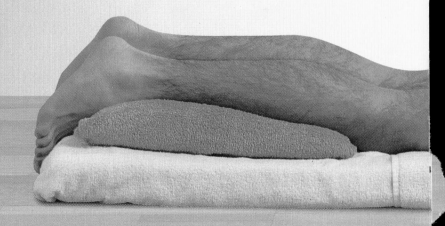

ROZAMIENTO CON EL PULGAR - OMÓPLATO

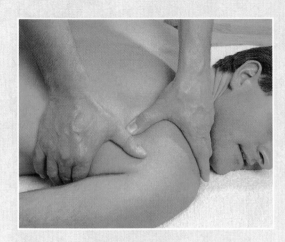

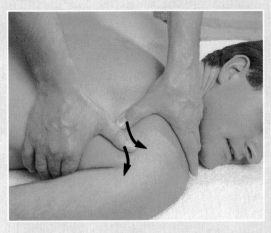

El rozamiento con los pulgares se lleva a cabo sobre los músculos en la parte superior del omóplato o escápula.

1 Sitúese a un lado del receptor y ponga ambas manos sobre el omóplato del lado opuesto.

2 Use la misma posición de los pulgares que se utiliza en los romboides (ver página 40). Mantenga las manos en esta posición. Masajee con técnica de rozamiento cubriendo la zona lo máximo posible.

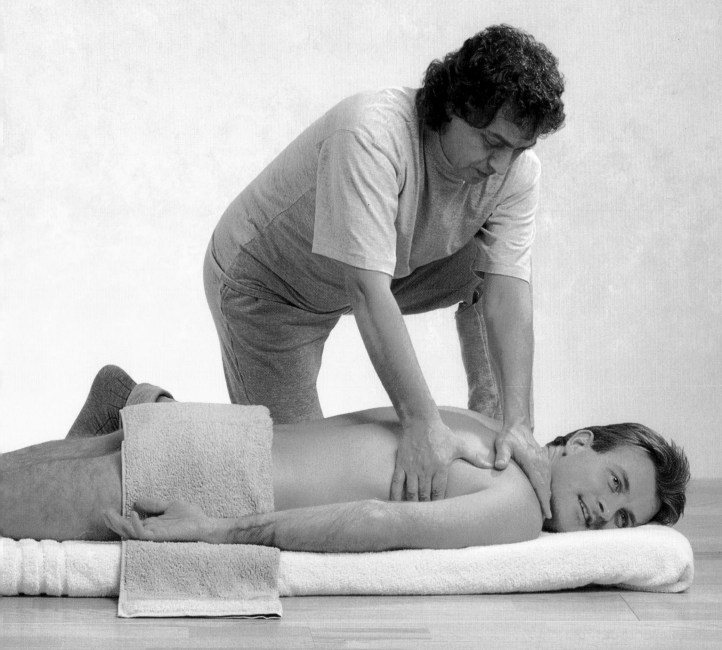

ROZAMIENTO DE PULGAR - ESPALDA SUPERIOR (ÁREA DE LOS ROMBOIDES)

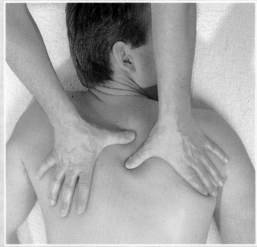

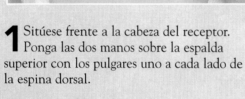

Los músculos romboides van desde la espina dorsal hasta la paletilla, y están frecuentemente tensos. Estos músculos se masajean con los pulgares (rozamiento digital).

1 Sitúese frente a la cabeza del receptor. Ponga las dos manos sobre la espalda superior con los pulgares uno a cada lado de la espina dorsal.

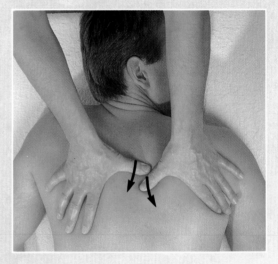

2 El movimiento se da con el pulgar, presionando los músculos en dirección descendente a lo largo de aproximadamente cinco centímetros.

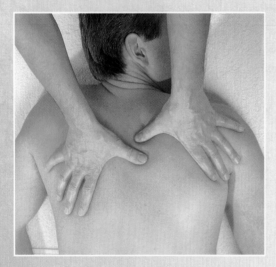

3 Lleve a cabo el movimiento alternativamente con cada pulgar. Cada movimiento del pulgar puede acompañarse con la mano moviéndose en la misma dirección, pero sin aplicar mucha presión.

MASAJE CON LOS PUÑOS

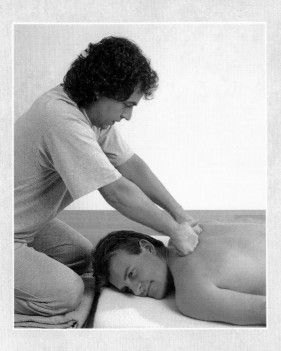

1 Sitúese frente a la cabeza del receptor. Ponga el dorso de cada mano, cerrado en puño, uno a cada lado de la espina. Masajee en la dirección de la zona lumbar con cada puño, asegurándose de que sólo se utiliza la zona plana de los puños, pero no los nudillos.

Si fuese necesario aplicar presión extra para los músculos tensos de esa zona, la técnica de masaje de puños es especialmente recomendable.

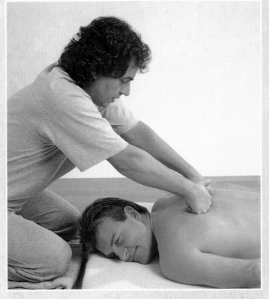

2 Prosiga el movimiento hasta alcanzar la mitad de la espalda, o donde quiera que encuentre un punto adecuado para detener el movimiento. Levante las manos y vuelva a la posición inicial para repetir el movimiento.

DOLOR DE CABEZA

· ·

Un dolor de cabeza puede ser descrito de forma que quede reflejada su localización o su intensidad. Por ejemplo, puede tener lugar sobre la frente, los ojos o sobre la parte superior de la cabeza. También podemos referirnos a él como un dolor de cabeza severo, un dolor con palpitaciones o un dolor intermitente.

Una jaqueca por tensión, como el término indica, se debe a la tensión o al estrés. Los tipos de tensión que pueden contribuir a una jaqueca son dos: por constricción de las paredes arteriales, conducente a un incremento de la presión sanguínea en la cabeza, o una tensión excesiva en el cuello o los músculos de los hombros. El incremento de la presión sanguínea se transmite al fluido cerebroespinal (un líquido que fluye a través del sistema cerebroespinal) justo bajo el cráneo, y hace que sintamos la cabeza como si fuera a estallar. La rigidez muscular afecta a la espina dorsal y trastorna los nervios de la columna. Alguno de estos conecta con el cuero cabelludo y, cuando se irrita, provoca dolor en la parte superior de la cabeza hasta la frente.

El estrés puede ser reducido notoriamente, no sólo tratando sus causas, sino también mediante técnicas de masaje y relajación tales como la visualización. Hay una serie de aceites de masaje recomendados por sus propiedades antiestrés (ver a la izquierda). Este método puede ser complementado con masaje sobre puntos de acupresión y zonas reflejas.

La parte superior de la espalda y el bajo cuello están con frecuencia desviados cuando se presenta una jaqueca provocada por la tensión. Esto implica un pequeño grado de descolocación y el bloqueo de dos vértebras consecutivas, como resultado de problemas posturales o lesiones. Puede suceder que un nervio de la espina dorsal se irrite o inflame cuando pasa entre dos vértebras. Esto puede conducir a un dolor neurálgico irradiado a la parte superior de la cabeza, o a sentir pinchazos a lo largo de los brazos, o en las manos.

Los músculos de la parte superior de los hombros y del cuello están muy implicados en este tipo de problema. El agarrotamiento de este grupo muscular puede derivarse de un bloqueo en la espina dorsal, y la desviación de columna resultante de la tensión de esos músculos es dolorosa. El masaje se utiliza para contribuir a romper ese círculo vicioso mediante la relajación de los músculos. En algunos casos, sin embargo, el tratamiento más efectivo para las desviaciones de la columna

ACEITES DE MASAJE PARA LA RELAJACIÓN

· ·

Aceites para relajar los músculos

**Mejorana • Lavanda
• Camomila • Romero**

Aceites para reducir la tensión

**Bergamota • Camomila
• Salvia • Jazmín • Lavanda • Mejorana
• Azahar • Rosa**

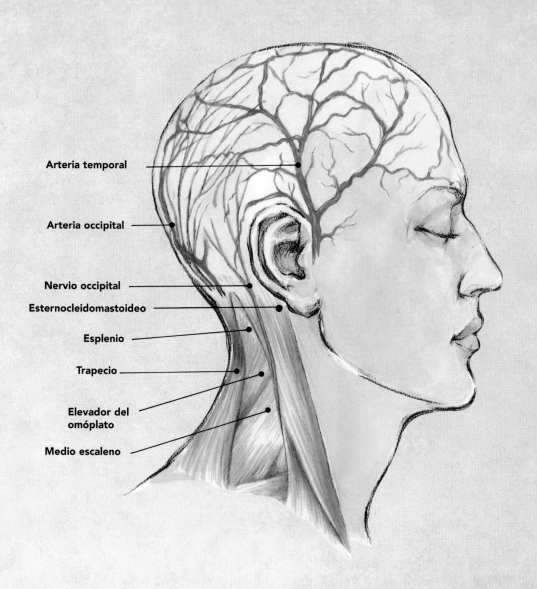

Arteria temporal

Arteria occipital

Nervio occipital

Esternocleidomastoideo

Esplenio

Trapecio

Elevador del omóplato

Medio escaleno

Los nervios atraviesan la parte superior del cuello en dirección a la nuca y la zona superior de la cabeza, sensibilizando la piel y los músculos subyacentes. Los vasos sanguíneos también abastecen los mismos tejidos y por lo tanto están muy extendidos a lo largo de la cabeza. El agarrotamiento de los músculos del cuello puede afectar a los nervios y vasos sanguíneos, con el resultado de una jaqueca.

es la intervención de un osteópata o un quiropráctico. No obstante, el masaje puede ayudar a reducir la rigidez y el dolor de los músculos.

PRECAUCIONES

Los dolores de cabeza pueden estar provocados por enfermedades como las infecciones y los virus, y por la ingesta de narcóticos. El masaje no debe ser aplicado en tales circunstancias, debiéndose buscar ayuda médica. Por ejemplo: exceso de alcohol, tabaco, enfriamientos, drogas medicinales como la quinina, morfina, atropina e histamina; infecciones de garganta, oído, sinusitis, infección de vejiga, fiebre o meningitis.

JAQUECA
Sentado
SESIÓN UNO

- Rozamiento con la palma
- Rozamiento con el pulgar
- Amasamiento
- Rozamiento con amasamiento
- Masaje de cuero cabelludo

Acupresión

Reflexología

JAQUECA
Acostado
SESIÓN DOS

- Rozamiento con la palma
- Rozamiento de pulgar (adelante y atrás)
- Amasamiento
- Rozamiento con asimiento
- Rozamiento de la cabeza con el pulgar

Acupresión

JAQUECA
Auto-administrado

- Amasamiento con una mano
- Rozamiento digital de la cabeza
- Masaje de cuero cabelludo

Acupresión

DOLOR DE CABEZA: SENTADO

Usted puede utilizar la técnica que se expone a continuación, o bien una selección de técnicas. La sesión comienza mediante rozamiento de palma y acaba con puntos reflejos en los pies. Completarla lleva entre 20 y 30 minutos. El receptor está sentado en una silla.

ROZAMIENTO CON LAS PALMAS

Los músculos del cuello y de los hombros pueden acumular una gran cantidad de tensión. Un músculo que no está preparado para relajarse se tensará incluso más si se lleva adelante un masaje intenso. La relajación de estos músculos, por consiguiente, no debe ser forzada. El rozamiento con las palmas de las manos se utiliza para comenzar el proceso y puede tener que ser aplicada durante bastante rato, antes de que se puedan utilizar técnicas de masaje más profundas.

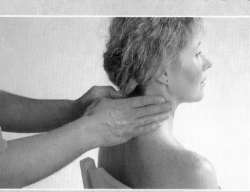

1 El receptor está sentado en una silla, preferiblemente una con el respaldo bajo. Usted se coloca detrás. Ponga sus manos una a cada lado del cuello.

2 Haciendo contacto sobre todo con la palma de la mano, comenzar por arriba e ir masajeando hacia abajo a lo largo del cuello. Continuar los movimientos hacia los hombros.

3 Cuando llegue a la parte superior de los hombros, utilice los dedos tanto como la palma de la mano para incrementar suavemente la presión. Cuando alcance el lado exterior de los hombros vuelva a poner las manos sobre la parte superior del cuello sin perder el contacto con la piel. Repita varias veces manteniendo un ritmo lento.

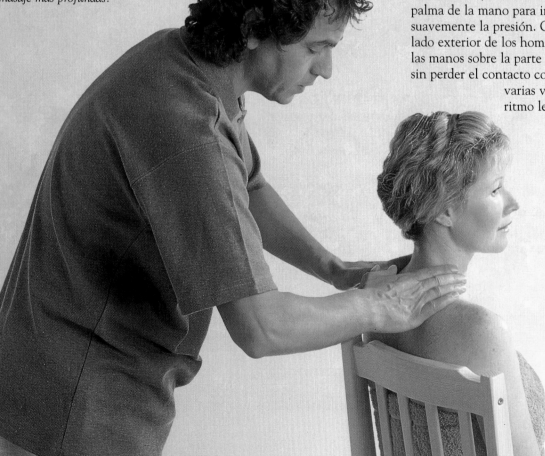

ROZAMIENTO CON EL PULGAR - ESPALDA SUPERIOR Y HOMBROS

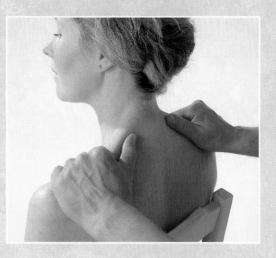

El rozamiento con los pulgares se aplica para trabajar más profundamente los músculos. La presión se aplica de acuerdo con lo que nos indican los músculos, de forma que sintamos cómo se incrementa gradualmente la relajación.

1 Coloque una mano en cada hombro. Los dedos deben estar sobre los hombros y el dedo pulgar entre la espina dorsal y la paletilla. Aplicar una presión suave con el dedo pulgar de cada mano hasta moverlo hacia la parte superior del hombro.

2 Los dedos y la palma pueden aplicar una suave presión mientras el dedo pulgar aplica una mayor. El dedo pulgar asciende hasta situarse junto a los otros dedos, de modo que no pellizque la piel. Repita el movimiento varias veces, incrementando la presión a cada movimiento.

AMASAMIENTO CON UNA MANO - ESPALDA SUPERIOR Y HOMBROS

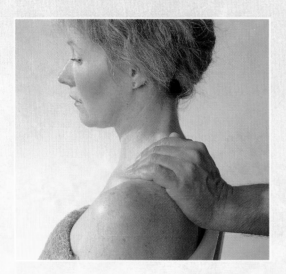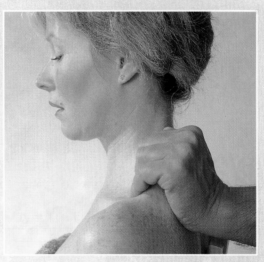

El amasamiento se refiere en este caso a una suave presión entre la base de la mano y la punta de los dedos. El músculo que más se beneficia de este movimiento es la parte superior del trapecio, que discurre desde el cuello a la parte exterior de los hombros. El efecto del movimiento es potenciar la circulación a través del músculo y a la vez, impulsarla poco a poco por toda su extensión. El movimiento se hace mejor aplicándolo a un hombro cada vez.

1 Sitúese detrás y a un lado del receptor. Ponga una mano encima del hombro contrario, entre la base del cuello y la parte externa del hombro. Eleve y apriete suavemente el músculo con la punta de los dedos y la base de la mano.

2 Continúe apretando ligeramente pero moviendo la base de la mano hacia la punta de los dedos de modo que se presione el músculo a lo largo de sus fibras. Cuide no pellizcar la piel a lo largo del movimiento. Repita varias veces.

El rozamiento con
asimiento se utiliza para
relajar y apretar los
músculos de la parte de
atrás del cuello.

ROZAMIENTO CON ASIMIENTO - CUELLO

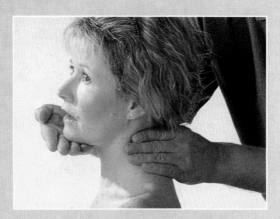 

1 Sitúese al lado del receptor. Sostenga la barbilla con una mano. Coloque la otra mano en la parte posterior del cuello con el pulgar a un lado y los otros dedos al otro. Comprima ligeramente los músculos del cuello entre los dedos y el pulgar.

2 Prosiga con la compresión hasta que empiece a estirar los músculos y a abarcar la piel de alrededor de la espina dorsal. Relaje la presión de forma que la mano pueda deslizarse por la piel y sepa así que no la está pellizcando.

ROZAMIENTO CON EL PULGAR - NUCA

El hueso que cierra la
parte posterior de la
cabeza de oreja a oreja se
llama occipital y se
articula con la primera
vértebra del cuello.
También cumple
funciones de lugar de
fijación para los músculos
de la parte posterior del
cuello y la zona superior
de los hombros. En esta
zona de fijación se dan
varios disparadores que
pueden ser descritos
como centros repetidores
de los impulsos
nerviosos. Están
implicados en situaciones
de tensión muscular y en
ciertos momentos, con el
dolor de cabeza.
Trabajar a lo largo de la
base del occipital
ayudará a relajar los
músculos. Esta zona
puede ser muy sensible
y, por consiguiente, es
preciso que la presión sea
muy ligera.

1 Sitúese al costado del receptor. Sostenga la barbilla con una mano y sitúe la otra en la parte posterior del cuello con el pulgar bajo el occipital, justo detrás de la oreja. El dedo corazón se sitúa bajo el occipital debajo de la oreja opuesta. El movimiento se aplica con la mano derecha.

2 Aplicar una presión equivalente con el dedo medio y el pulgar mientras los desliza a lo largo de la base del occipital hacia el centro del cuello. Cuando ambos se encuentran en el centro, levántelos y vuelva a la posición original para reiniciar el movimiento. El movimiento se lleva a cabo con la mano izquierda.

MASAJE DE CUERO CABELLUDO

El masaje de cuero cabelludo es uno de los más relajantes. Conlleva la aplicación de una presión con la punta de los dedos para deslizar el cuero cabelludo a través de la superficie del cráneo. Este movimiento provoca un incremento de la circulación local y también una gran sensación de relax. No es preciso utilizar ningún tipo de aceite para aplicar este movimiento.

1 Sitúese detrás del receptor y ponga ambas manos en la parte superior de la cabeza. Aplique suficiente presión con los dedos (intentando no utilizar los pulgares), para mover el cuero cabelludo a través del cráneo en pequeños círculos. Si no se produce movimiento, o se da poco movimiento, incremente la presión ligeramente. El cuero cabelludo, en algunas personas, no resulta fácil de deslizar. En estos casos aplicaremos el masaje, pero sin aplicar una fuerza excesiva.

2 Cuando haya completado algunos círculos en la primera posición, desplace las manos hacia una posición diferente y repita el movimiento, hasta cubrir finalmente la mayor parte de la zona superior y los laterales de la cabeza.

3 Sitúese a los costados del receptor de modo que pueda proceder a masajear la parte de atrás de la cabeza. Una mano se utiliza para masajear, mientras que la otra sostiene la frente o la barbilla. Aplique masaje en pequeños círculos y cambie la posición de la mano hasta cubrir el conjunto de la zona y la parte posterior de la cabeza.

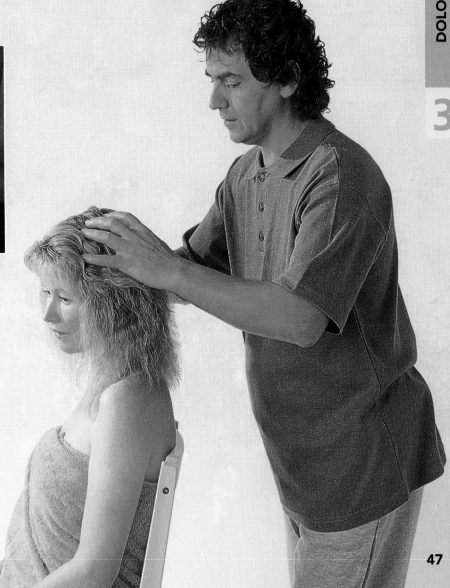

ACUPRESIÓN PARA LA RELAJACIÓN

Las ilustraciones muestran la localización de los puntos. Podrá localizar un punto concreto con cualquier dedo o con el pulgar, mediante las sensaciones que le transmitan ciertas zonas sensibles. Una vez localizado, el punto puede ser tratado con una presión muy ligera durante algunos segundos. Algunos puntos son más sensibles que otros, pero sean o no sean sensibles, pueden ser tratados. Normalmente, los puntos a la izquierda y a la derecha del cuerpo se trabajan de forma simultánea. El receptor puede situarse sentado o tumbado, en función de los puntos que vayan a ser tratados. Utilice los puntos que se exponen a continuación como parte de la sesión de masaje para inducir a la relajación.

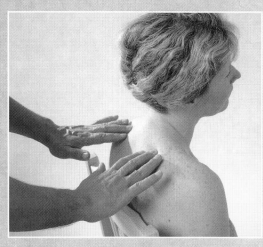

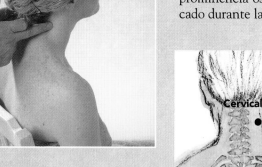

Punto TW15: A cada lado del cuerpo. Se tratan de forma simultánea. **Localización:** Ligeramente encima del ángulo superior de la paletilla, cerca de la espina.

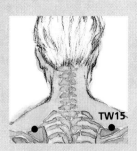

Punto cervical medio: Uno a cada lado del cuerpo. Tratar simultáneamente. **Localización:** A medio camino entre la base del cráneo y la parte inferior del cuello. Al lado de la prominencia ósea. Este punto está contraindicado durante la gestación.

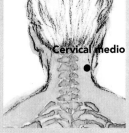

Punto GB20: Uno a cada lado del cuerpo. Tratar simultáneamente. **Localización:** En la base del cráneo. Uno a cada lado de la espina dorsal. A medio camino entre la espina dorsal y la prominencia ósea detrás de las orejas. Allí se sitúa un hueco pequeño entre dos grupos de músculos donde se localiza este punto.

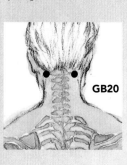

Punto tope de la cabeza y **Punto Tercer Ojo:** Tratar simultáneamente.
Localización: Parte superior de la cabeza (GV20) En el centro justo de la parte superior de la cabeza. **Tercer Ojo** (GV24) En la mitad de la frente, entre las cejas.

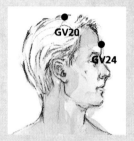

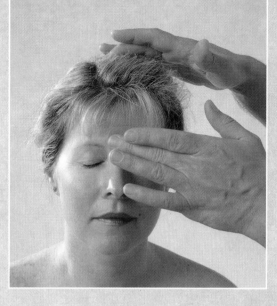

PUNTOS REFLEJOS - CUELLO

1 Los puntos reflejos para el cuello se encuentran en la base del dedo gordo del pie, tanto en la superficie interior como en la parte superior del dedo.

2 Sostenga el pie con las dos manos. Utilice el pulgar más próximo para localizar y masajear el punto reflejo interior. Una vez localizado aplique presión intermitente durante unos segundos. Se aplica directamente sobre los tejidos y no en círculos.

3 Repetir el movimiento sobre el punto reflejo situado en la parte superior del dedo del pie. Después, repita en los dos puntos reflejos sobre el otro pie.

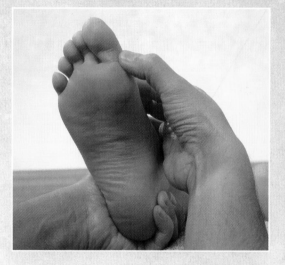

Los puntos reflejos en los pies pueden ser masajeados con el receptor tendido en posición supina, o sentado en una silla (con usted sentado en otra o en un taburete enfrente). El pie que esté siendo masajeado puede reposar sobre un cojín o una toalla sobre sus rodillas. No es necesario utilizar aceite para masajear puntos reflejos.

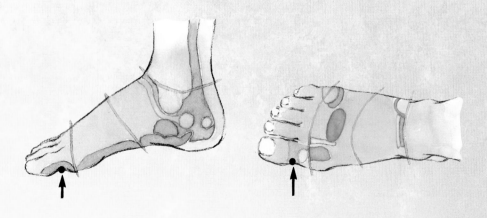

DOLOR DE CABEZA: ACOSTADO

El receptor descansa boca abajo para la aplicación de las técnicas que se describen a continuación. Las técnicas son como herramientas, pueden ser adaptadas para adecuarse a distintas aplicaciones. Por ejemplo, un movimiento de masaje como el rozamiento puede ser aplicado con distintas presiones y ritmos en función de los resultados que se quieran conseguir. Los movimientos, por consiguiente, se llevan a cabo sobre la misma parte del cuerpo, pero buscando efectos diferentes. La sesión comienza con el rozamiento de palma y termina con los puntos de acupresión. No hacer la secuencia de forma precipitada. Su desarrollo debe durar en torno a 20 minutos.

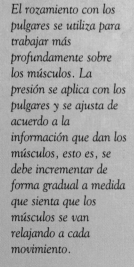

Técnica de repetición

ROZAMIENTO DE PALMA -
ESPALDA SUPERIOR Y
HOMBROS
Ver página 36
•
Antes
ROZAMIENTO DE PULGAR -
ESPALDA SUPERIOR Y
HOMBROS

ROZAMIENTO CON LOS PULGARES - PARTE SUPERIOR DE LA ESPALDA Y DE LOS HOMBROS

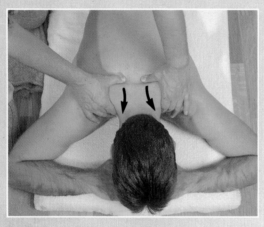

El rozamiento con los pulgares se utiliza para trabajar más profundamente sobre los músculos. La presión se aplica con los pulgares y se ajusta de acuerdo a la información que dan los músculos, esto es, se debe incrementar de forma gradual a medida que sienta que los músculos se van relajando a cada movimiento.

1 *Esta técnica se deriva del rozamiento con la palma.* Arrodíllese con una pierna a cada lado del receptor. Sitúe una mano en cada hombro. Los dedos de cada mano se sitúan sobre el hombro con el pulgar entre la espina dorsal y el omóplato (paletilla).

2 Aplique una suave presión con el pulgar de cada mano desplazándolo hacia la parte superior del hombro. Los dedos y la palma pueden aplicar una suave presión mientras que es el dedo pulgar el que da la mayor parte de la presión.

3 Desplace el dedo pulgar hasta que esté cerca de los otros dedos, evitando pellizcar la piel. Repita el movimiento varias veces, incrementando la presión a cada movimiento.

AMASAMIENTO - PARTE SUPERIOR DE LA ESPALDA Y DE LOS HOMBROS

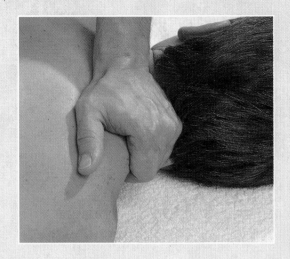

El amasamiento aplicado con una sola mano se utiliza para reducir el espasmo muscular. Es mejor usar la mano derecha sobre el hombro derecho y la mano izquierda sobre el izquierdo.

1 Sitúese a un lado del receptor. Gire su cabeza hacia usted o deje la frente descansando en las manos. Coloque una mano sobre el hombro opuesto. Levante suavemente el músculo sujetándolo con los dedos y la palma de la mano.

2 La base de la mano aplica cierta presión y se desplaza hacia las puntas de los dedos presionando y estirando el músculo a través de sus fibras. Los dedos actúan como soporte del músculo y, por consiguiente aplica una presión muy ligera.

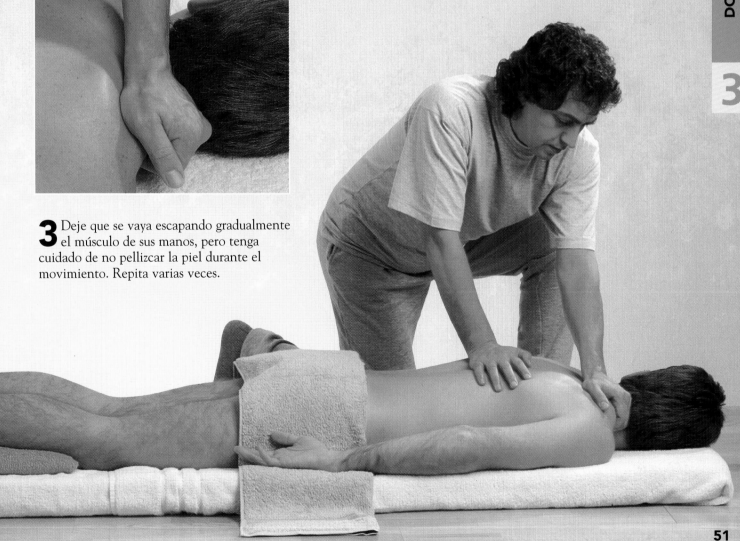

3 Deje que se vaya escapando gradualmente el músculo de sus manos, pero tenga cuidado de no pellizcar la piel durante el movimiento. Repita varias veces.

DOLOR DE CABEZA

3

ROZAMIENTO CON ASIMIENTO - CUELLO

El rozamiento con asimiento comprime ligeramente los músculos y los tejidos en la parte posterior del cuello y los estira hacia la parte externa de la espina dorsal. Se puede repetir varias veces, pero la presión no debe ser incrementada en los sucesivos movimientos.

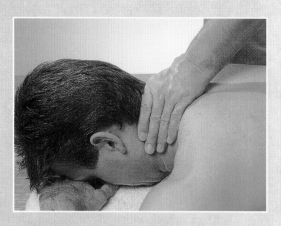

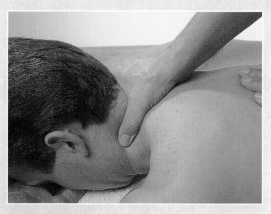

1 Sitúese a un lado del receptor. La cabeza debe descansar sobre sus manos, puestas una encima de la otra. Utilice una mano para comprimir suavemente los músculos del cuello entre el pulgar y los otros dedos.

2 Prosiga la presión de modo que usted comience a estirar los músculos y deslizar los tejidos hacia afuera de la espina dorsal. Esta fotografía muestra la posición del pulgar.

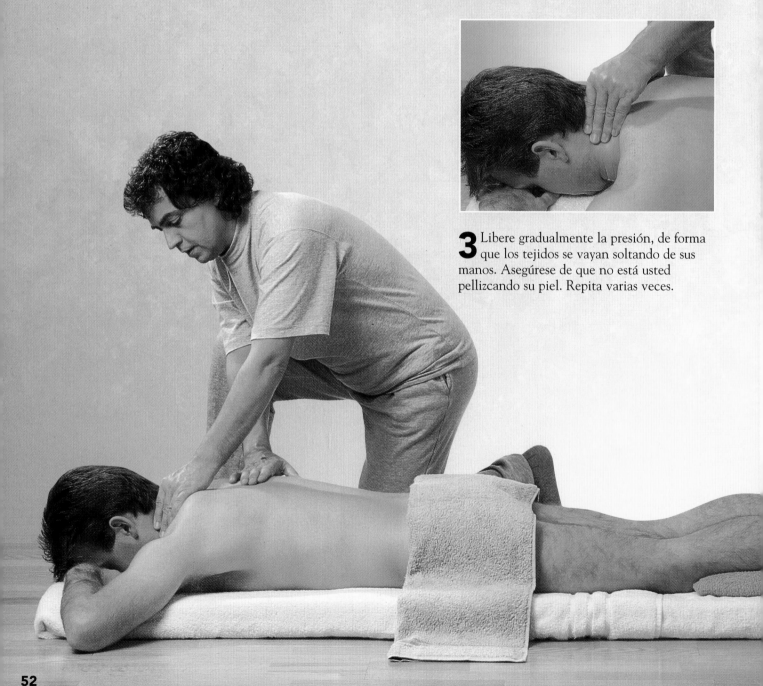

3 Libere gradualmente la presión, de forma que los tejidos se vayan soltando de sus manos. Asegúrese de que no está usted pellizcando su piel. Repita varias veces.

ROZAMIENTO
CON LOS PULGARES - NUCA

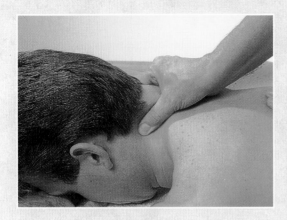

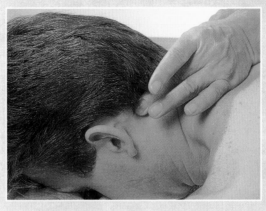

Este movimiento ha sido descrito en la página 46. *La posición de la mano que aplica el masaje permanece igual cuando el receptor descansa boca abajo. Su otra mano descansa sobre el hombro.*

1 Sitúese a un lado del receptor. Ponga su dedo pulgar bajo el hueso occipital, justo detrás de la oreja más próxima a usted. Su

dedo corazón se sitúa detrás de la oreja opuesta.

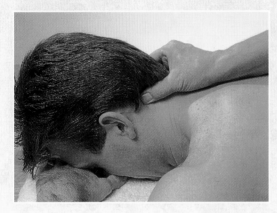

2 Aplique una presión similar con el dedo pulgar y el dedo corazón mientras los desliza a lo largo de la base del occipital hacia el centro del cuello. Cuando se encuentren en el centro, levántelos y vuelva a la posición inicial para repetir el movimiento.

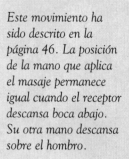

PUNTOS DE ACUPRESIÓN

1 **Punto Vejiga 42:** Localizado en la espalda, en la parte inferior de las caja torácica. Imagine una línea entre los omóplatos y la espina dorsal, pero a una distancia de dos dedos bajo el límite inferior de la paletilla. El punto se localiza en el medio de esa línea.

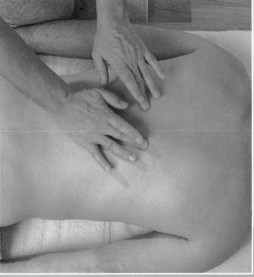

Sitúese al lado del receptor para tratar estos puntos como una pareja, uno a cada lado del cuerpo.

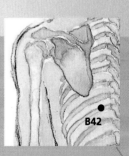

B42

DOLOR DE CABEZA

3

DOLOR DE CABEZA:
MASAJE AUTOADMINISTRADO

Utilice estas técnicas en todas sus secuencias como un autotratamiento para aliviar las jaquecas o para conseguir una relajación general. Es muy adecuado para aplicarlo durante un baño caliente.

AMASAMIENTO - ESPALDA SUPERIOR Y HOMBROS

Esta técnica funciona en caso de nudosidades musculares, asociadas a la tensión. Como todas las otras técnicas, debe ser aplicada sin prisas.

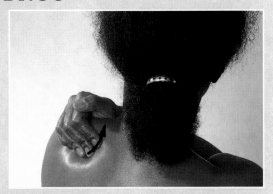

1 Siéntese en una silla o en un taburete. Utilice una mano para masajear los músculos del hombro opuesto, y la otra mano para sostener el codo de la mano con la que aplicamos el masaje. Alcance con la punta de sus dedos lo más abajo posible los músculos de la parte inferior de los hombros.

2 Haga amasamiento sobre los músculos apretándolos con suavidad entre los dedos y la base de la mano, aplicando presión con la punta de los dedos. Hay que reducir la presión cuando la mano comience a deslizarse por el hombro, para prevenir pellizcos. Repetir el movimiento varias veces. Puede incrementar la presión si la respuesta es buena, o mantener la presión durante varios segundos en lugar de deslizar la mano.

ROZAMIENTO DIGITAL - NUCA

El masaje a la base del cráneo afecta a los nervios que van hacia la cabeza tanto como a las fijaciones de los músculos del cuello.

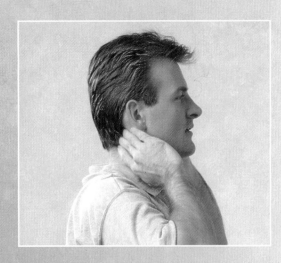

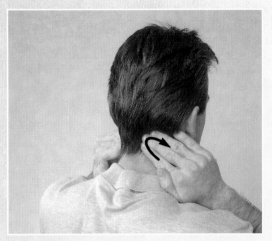

1 Sitúe los dedos sobre la parte de atrás de la cabeza bajo la base del cráneo. Aplique presión con las puntas de los dedos en pequeños círculos.

2 Repita el rozamiento digital a lo largo de la base del cráneo. Esta zona puede ser muy sensible, por lo que hay que aplicar la presión de acuerdo a ello.

PUNTOS DE ACUPRESIÓN

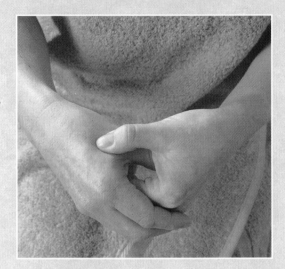

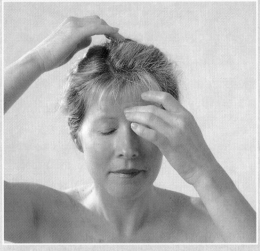

Los puntos de acupresión pueden ser utilizados para ayudar a reducir el dolor de cabeza. Combínelos con las técnicas de masaje autoadministrado, bien sea el rozamiento digital de la nuca o el masaje de cuero cabelludo.

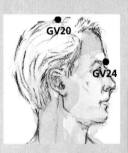

Punto Hoku (LI 4) Presione ligeramente durante varios segundos con el pulgar la mano tratada. **Localización:** en el espacio interdigital entre el dedo pulgar y el índice. Este punto no debe ser estimulado durante el embarazo.

Tercer Ojo y Tope de la cabeza: Aplicar una suave presión sobre estos puntos mientras está sentado. Trabajar sobre ellos de forma simultánea. Mantener la presión durante algunos segundos. **Localización:** Entre las cejas y en el centro de la parte superior de la cabeza respectivamente.

MASAJE DE CUERO CABELLUDO

1 Utilice la punta de los dedos para aplicar presión y desplazar el cuero cabelludo sobre el cráneo en pequeños círculos. Evite que sus dedos se deslicen sobre la piel. Comience por las sienes, justo encima de las orejas, y luego cubra la parte superior y la nuca. Masajee cada zona durante unos minutos. El conjunto de la secuencia puede repetirse si se considera oportuno.

Las jaquecas se alivian mediante este movimiento, que contribuye a liberar la congestión de la sangre, los nervios y el tejido muscular en el cuero cabelludo.

3

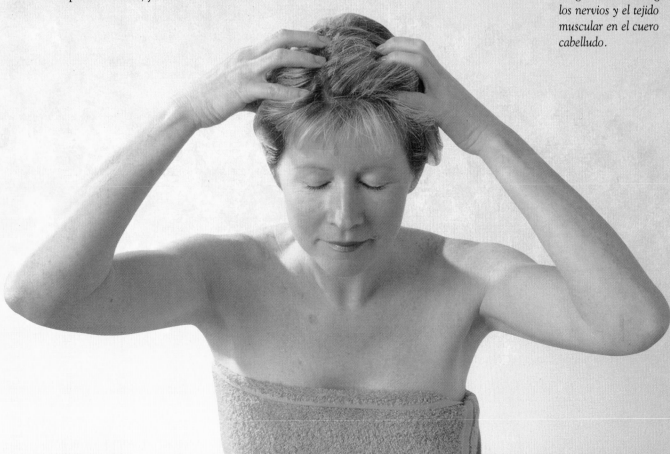

RELAJACIÓN

Reducir el estrés y lograr la relajación es una tarea difícil para algunas personas. Y, sin embargo, resulta vital, si juzgamos el número creciente de enfermedades relacionadas con el estrés. El masaje, en combinación con otras formas de relajación tales como la meditación y la visualización, es quizá una de las mejores vías para lograr este objetivo.

El estrés puede ser descrito como una sobrecarga de los recursos corporales que se utilizan para atender las exigencias de los factores físicos, mentales, emocionales y ambientales. El cuerpo es capaz de adaptarse a ciertos niveles de estrés. Los deportes de competición, por ejemplo, generan una cierta cantidad de tensión. Esta tensión es, por lo general, bien recibida por los que compiten, porque les hace disfrutar de la sensación de «zumbido de adrenalina» que conlleva. En circunstancias más amenazadoras, sin embargo, el cuerpo se adapta mediante la alteración de sus modelos de conducta. Estas alteraciones pueden ser menores, como aquellas que experimentan quienes se encuentran al límite o muy asustados, o más graves, como las obsesiones y la excentricidad.

El organismo también se adapta al estrés mediante la transformación de sus propias funciones físicas. La tensión muscular es un ejemplo muy bueno. Se trata de una reacción involuntaria del cuerpo sobre la que no tenemos control. Es más, una vez que los factores generadores de estrés hayan cesado, la adaptación física del cuerpo puede continuar. Esa es la razón por la que, a largo plazo, la consecuencia del estrés puede ser una enfermedad cardiaca.

Reconocer en nuestras vidas los diferentes tipos de estrés y aprender a tratarlos puede servirnos para prevenir la enfermedad. La forma de conseguirlo y los cambios que debemos hacer es una cuestión de información, consciencia y determinación. Hemos reservado un espacio a lo largo de estas líneas para métodos de relajación tales como la visualización y el masaje.

LA RELAJACIÓN

Para contraatacar al estrés necesitamos concentración. Esto puede sonar contradictorio, porque la misma tensión puede ser el resultado de un exceso de concentración. Sin embargo, también es cierto que para desconectar de un asunto necesitamos concentrarnos en otro. Este enfoque sobre un objeto, pensamiento o concepto concretos nos da las bases de la relajación.

LA MEDITACIÓN

Para concentrarnos sobre un solo pensamiento o imagen necesitamos apartar todos los otros pensamientos o imágenes. Esto se produce en un nivel consciente pero no sin una voluntad decidida. Si una nueva imagen o pensamiento se pone delante, debe usted apartarla y volver al principal objeto de concentración. Es un ejercicio mental cuyo perfeccionamiento lleva algún tiempo. Al principio, y hasta que domine la técnica, otros pensamientos e imágenes se impondrán muy rápidamente y con mucha frecuencia. Usted perderá con frecuencia el punto focal de su concentración. La mayor parte de las veces no será capaz de conseguirlo. De pronto descubrirá que ha perdido la concentración y se verá pensando en algo completamente diferente. Es algo normal en una mente no entrenada para fijar un pensamiento debido a las otras preocupaciones que le rondan. El objeto del ejercicio es entrenar a la mente para que se centre sobre un pensamiento y deje fuera los demás. Es el principio de la meditación.

EJERCICIOS DE RELAJACIÓN

Las técnicas que se exponen a continuación son ejercicios que ayudan a enfocar la mente sobre un pensamiento. Yo les llamo ejercicios porque necesita practicarlos con regularidad antes de comenzar a conseguir todos sus beneficios. Si tiene la sensación de haber perdido el hilo durante el ejercicio, intente volver al principio lentamente, sin ningún tipo de esfuerzo extremo. Puede suceder que se duerma durante algún ejercicio. Ocurrirá si se relaja demasiado profunda y rápidamente. No significa que haya cometido ningún error, pero cuando desarrolle la técnica, será capaz de relajarse sin dormirse. Por otra parte, como explicaré más adelante, puede utilizar alguna de estas técnicas para dejarse llevar hacia el sueño. Estos ejercicios se realizan sentado o acostado.

LA RESPIRACIÓN

Una de las formas más sencillas de relajación consiste en concentrarse sobre la respiración. Como resultado de la tensión o quizá por costumbre, la respiración suele ser corta y poco profunda. Con este ejercicio nos proponemos cambiar este modelo.

Cierre sus ojos y comience a ser consciente de su respiración. Siga mentalmente la inspiración y la espiración. Intente incrementar la longitud y la profundidad de su inspiración sin hacer demasiado esfuerzo. Podrá sentir un ligero mareo debido a un incremento del oxígeno en el cerebro. Es perfectamente normal. Se mantendrá durante unos segundos y luego desaparecerá. El ritmo respiratorio es muy importante en todas las formas de relajación. El más lento es el que consigue relajar más el cuerpo. Usted será progresivamente más consciente de su ritmo respiratorio y lo hará más lento si cuenta las inspiraciones y espiraciones. La inspiración es normalmente más corta que la espiración. Por ejemplo, puede contar hasta seis durante la inspiración y hasta ocho durante la espiración. Cuente para ayudarse a respirar más profunda y lentamente. Puede también utilizar esto como punto de concentración.

Puede hacer meditación en una silla o sentado sobre el suelo. Asegúrese de estar en una posición cómoda. La concentración resultará más fácil si cierra los ojos.

LA VISUALIZACIÓN

La visualización es otro método muy efectivo de relajación. Puede acompañar a los ejercicios de respiración o ser practicado como una técnica alternativa. A la vez que se concentra en su respiración, usted puede visualizar la respiración como si tuviese un color determinado cuando usted inspira. Puede tener un color relajado y tranquilo como el azul celeste, u otro saludable como el dorado, el blanco o el ámbar. No es necesario visualizar la espiración con un color particular, ya que podría componer un cuadro muy complicado. Por otro lado, puede visualizar la espiración atribuyéndole valores negativos como tensión, ansiedad, preocupación e incluso dolor. Resulta muy relajante visualizar los músculos del cuello y de los hombros liberándose de tensión a cada expiración. Haga extensiva esta visualización a los músculos de las piernas relajándose, luego los de los brazos y así hasta liberar el conjunto del cuerpo. Esta sesión puede ser repetida varias veces. No trate de sentir los músculos relajándose. Sólo visualícelos mientras se dejan liberar de tensiones.

La visualización puede llevarle hacia viajes extraordinarios. La imagen de un paisaje pintoresco durante un día maravilloso, bajo el cielo azul, suaves nubes blancas, colinas, flores y aves cantando, puede contribuir a relajarle. Puede llevar un tiempo construir este cuadro, visualizar cada detalle desde las formas de las nubes hasta el sonido de los pájaros. Puede cambiar de lugar en cada sesión. Cuanto más tiempo esté construyendo cada cuadro, más relajante será el efecto.

LOS INSOMNIOS

El no poder dormir puede estar relacionado con la ansiedad, pero las causas del insomnio son numerosas. Por ejemplo, la mente necesita representarse y reflexionar sobre los acontecimientos del día. Con frecuencia, no dejamos tiempo para que esta reflexión tenga lugar, y el único tiempo con el que la mente cuenta para hacerlo es cuando estamos acostados. Disponer un tiempo, quizá cuando estamos tomando un baño sin prisas, para reflexionar sobre esto antes de acostarnos, puede prevenir los insomnios. Los aceites de baño pueden ayudar también. La visualización ayudará a la mente a desconectar los pensamientos innecesarios y dejarse vencer por el sueño. La imagen puede ser un lugar agradable, como el descrito antes, o un objeto sin asociaciones emocionales. Por ejemplo, se puede visualizar una flor, luego otra, y después otra, hasta completar un ramo maravilloso. Esta imagen puede repetirse o construir una nueva cada vez. Mientras completa la imagen, intente concentrarse todavía más profundamente en sus detalles más diminutos e intrincados. Otro ejemplo sencillo de conseguir son unos naipes alineados según distintos modelos en función de sus números, colores y palos. Escoger un modelo y visualizar cada naipe hasta que finalmente construyamos un cuadro completo. Para la visualización podemos idear muchas variaciones de formas, números y colores.

ACEITES DE MASAJE PARA LA RELAJACIÓN

. . . .

Bergamota • Camomila • Salvia • Jazmín • Lavanda • Mejorana • Azahar • Rosa • Ylang-Ylang • Geranio

EL MASAJE

Cuando utilice el masaje para la relajación, debe tener en mente dos puntos muy importantes. Uno es el ritmo de los movimientos, cuanto más lento es el movimiento, más relajante es el efecto. El segundo es la presión: una presión ligera es muy relajante pero ello no significa que no deba aplicarse una presión más fuerte durante un masaje de relajación. En la medida en que el receptor y sus músculos se relajan, la presión puede ser incrementada mientras sea confortable.

CREACIÓN DEL AMBIENTE

El entorno para el masaje debe ser cálido y tranquilo. El exceso de iluminación debe ser evitado. Los teléfonos han de ser desconectados. Una música agradable, popular o clásica contribuye muchísimo a crear uña atmósfera relajada. Hay muchas cintas disponibles muy recomendables. Un baño caliente, sauna o jacuzzi es un modo habitual de comenzar una relajación.

SESIÓN DE MASAJE

No hay establecida una sesión para esta clase de masaje. El receptor puede preferir comenzar por la espalda o la cara. Lo que importa es que el masaje fluya, es decir, que un movimiento dé paso armoniosamente al siguiente, y el tratamiento progrese sin sobresaltos de una zona del cuerpo a otra. Por ejemplo, cuando masajeamos la espalda, las técnicas de rozamiento siguen una detrás de la otra sin una pausa. Cuando el masaje comienza en la cara, los movimientos siguen sobre los brazos, el abdomen y después las piernas. El arte del masaje implica llevar a cabo los movimientos con una sesión fluida, de modo que se sientan los tejidos y se ajuste la presión. Y eso sólo puede llegar mediante la práctica.

Este capítulo describe una relajante secuencia de masaje que comienza por la espalda. Alguna de las técnicas son ilustradas en otros capítulos pero pueden ser fácilmente incorporadas a esta sesión, si el ritmo y la presión de cada movimiento se ajusta al objetivo de lograr la relajación.

DURACIÓN DEL MASAJE

La duración del tratamiento de masaje depende del tiempo disponible y del área del cuerpo que va a ser trabajada. Un masaje de espalda, por ejemplo, puede llevar de 20 a 30 minutos. El conjunto del cuerpo puede llevar entre 60 y 90 minutos. Seleccione una sesión y unas técnicas de acuerdo a sus necesidades.

RELAJACIÓN
Acostado boca abajo
SESIÓN UNO

Masaje de la espalda

Rozamiento de palmas
•
Rozamiento entrecruzado
•
Rozamiento de palmas de la espalda superior y de los hombros
•
Rozamiento con los pulgares
•
Amasamiento
•
Rozamiento con asimiento
•
Rozamiento revertido con la palma
•
Rozamiento de toque ligero

Masaje de la parte posterior de las piernas

Rozamiento de la parte posterior de las piernas
•
Rozamiento de pulgares en la planta del pie

Masaje de la cara

Rozamiento de dedos en la frente
•
Presión pellizcada de las cejas
•
Rozamiento de dedos en las mejillas
•
Rozamiento de dedos de la zona supralabial y en las mejillas
•
Rozamiento de pulgar en las orejas
•
Rozamiento con la punta de los dedos en las mejillas

continúa

continúa

Cobertura de ojos

Sostenimiento mantenido

Masaje al pecho y al abdomen

Rozamiento revertido con la palma
•
Rozamiento entrecruzado del abdomen
•
Rozamiento con las palmas del abdomen y del pecho

Masaje a los brazos

Rozamiento del brazo
•
Rozamiento de la mano

Masaje de la parte frontal de las piernas

Rozamiento con las palmas
•
Rozamiento de los pies

Técnica inmóvil

Acupresión

Reflexología

RELAJACIÓN
Sentado
SESIÓN DOS

Masaje de la cabeza y de los hombros

Masaje con las palmas del cuello y de los hombros
•
Masaje con los pulgares de la espalda superior y de los hombros
•
Amasamiento de la espalda superior y de los hombros
Rozamiento con asimiento en el cuello

Masaje de la cara

Rozamiento de la frente
•
Pellizcado de cejas
•
Rozamiento de la frente
•
Rozamiento en las mejillas
•
Rozamiento de la zona supralabial y en las mejillas
•
Masaje de cuero cabelludo
•
Cobertura de ojos

Masaje de los brazos

Rozamiento de los brazos
•
Rozamiento de las manos

Masaje de los pies

Rozamiento

Reflexología

Acupresión

RELAJACIÓN

4

LA ESPALDA

Esta sesión de relajación comienza con el masaje de la espalda y termina con la técnica suave. El conjunto de la secuencia dura 90 minutos, pero puede también seleccionar aquellas técnicas que mejor se adapten a usted. El receptor está acostado boca abajo.

ROZAMIENTO ENTRECRUZADO

Técnica repetida

Rozamiento con la palma
Espalda
Ver página 18

•

Antes
Rozamiento entrecruzado

1 *Esta técnica se deriva del rozamiento con la palma.* Sitúese al lado del receptor. Ponga ambas manos en la zona lumbar, una mano a cada lado de la espina, con las manos apuntando hacia adelante.

2 Las manos se desplazan en direcciones opuestas, pasando cerca la una de la otra, haciendo técnica de rozamiento de acá para allá a través de la espalda.

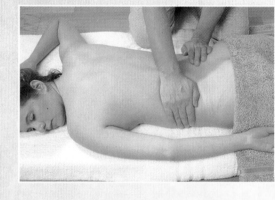

4 La misma técnica puede aplicarse a través de las nalgas. Las manos pasan una junto a la otra masajeando hacia adelante y hacia atrás. La presión se aplica a cada mano cuando se desplaza hacia la línea media y se relaja cuando se desplaza hacia fuera.

3 Continúe con esta acción, con las manos desplazándose hacia arriba en dirección a la cabeza. Incluya los hombros y luego trabaje con las manos espalda abajo otra vez. Repita el conjunto de la secuencia.

TÉCNICAS REPETIDAS

  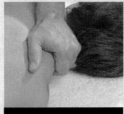 

Técnica repetida

ROZAMIENTO CON LA
PALMA
ESPALDA SUPERIOR Y
HOMBROS
Ver página 36
•
Después de
ROZAMIENTO
ENTRECRUZADO

Técnica repetida

ROZAMIENTO CON LOS
PULGARES
ESPALDA SUPERIOR Y
HOMBROS
Ver página 40
•
Después de
ROZAMIENTO CON LA
PALMA -
ESPALDA SUPERIOR Y
HOMBROS

Técnica repetida

AMASAMIENTO
ESPALDA SUPERIOR Y
HOMBROS
Ver página 45
•
Después de
ROZAMIENTO CON LOS
PULGARES -
ESPALDA SUPERIOR Y
HOMBROS

Técnica repetida

ROZAMIENTO CON
ASIMIENTO
CUELLO
Ver página 46
•
Después de
AMASAMIENTO -
ESPALDA SUPERIOR Y
HOMBROS

ROZAMIENTO REVERTIDO CON LA PALMA

El rozamiento revertido con la palma se deriva de las técnicas llevadas a cabo sobre zonas concretas de la espalda. El ritmo lento induce a la relajación.

1 En primer lugar, sitúese delante de la cabeza del receptor.

2 Aplique rozamiento descendente sobre la espalda, con una mano a cada lado de la espina, hasta las nalgas (o tan lejos como alcancemos cómodamente).

3 Cuando las manos alcancen la espalda inferior, desplácelas hacia los lados del cuerpo y aplique rozamiento en dirección a los hombros.

4 El rozamiento prosigue hacia la parte alta de los hombros y el área del cuello. Cuando las manos alcanzan el tope del cuello, la presión se reduce y finalmente se levantan las manos. Repita el movimiento comenzando por la parte superior de la espalda.

ROZAMIENTO DE TOQUE LIGERO

Sitúese a un costado del receptor. Lo más idóneo es aplicar este movimiento al final de la secuencia de masaje de la espalda.

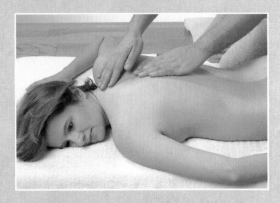

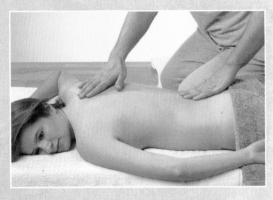

1 Comenzar con las manos situadas en el extremo superior de la espalda. Aplicar un movimiento suave, alternando las manos, en dirección a la base de la espina dorsal. La presión ha de ser extremadamente ligera.

2 Cuando una mano alcance la espalda inferior o las nalgas, levántela con suavidad y sitúela de nuevo en la parte superior de la espalda.

3 Las manos siguen una a la otra en el movimiento. Cuando una se eleva en la espalda inferior, la otra comienza el siguiente movimiento en la zona superior. Repita durante varios minutos.

PARTE POSTERIOR DE LAS PIERNAS

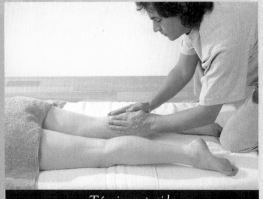

Técnica repetida

ROZAMIENTO CON LA PALMA - PARTE POSTERIOR
DE LA PIERNA
Ver página 125
•
Después de ROZAMIENTO DE TOQUE LIGERO -
ESPALDA

Técnica repetida

ROZAMIENTO CON LOS PULGARES - PLANTA
DEL PIE
Ver página 147
•
Después de ROZAMIENTO CON LA PALMA - PARTE
POSTERIOR DE LA PIERNA

LA CARA

Para desarrollar esta técnica el receptor ha de estar acostado boca arriba.

ROZAMIENTO CON LOS DEDOS
A TRAVÉS DE LA FRENTE

1 Apuntar los dedos de las manos hacia la posición de los pies y situarlas cerca la una de la otra en el centro de la frente, aplicando un rozamiento suave y ligero en dirección a las sienes. Aplique toda la superficie interior de los dedos y mantenga éstos rectos.

El masaje facial se aplica en este punto de la secuencia de relajación, o bien al comienzo de la sesión. Puede aplicarse también de forma separada.

2 Siempre aplicando toda la superficie interior de los dedos, prosiga el movimiento en dirección a las mejillas. Después levante las manos y regrese al centro de la frente. Repita varias veces.

MOVIMIENTO DE PELLIZCO ALREDEDOR DE LAS CEJAS

Esta técnica se utiliza tanto para la relajación como para la congestión de los senos nasales, ya que afecta a varios puntos reflejos allí localizados.

1 Con los dedos pulgar e índice de cada mano pellizcar suavemente las cejas y sus bordes inferiores durante unos segundos.

2 Aflojar la presión y desplazar un poco las manos en dirección a las sienes. Aplicar la presión de pellizcado y después realizar otro desplazamiento.

ROZAMIENTO CON LOS DEDOS PLANOS A TRAVÉS DE LAS MEJILLAS

El rozamiento de las mejillas es relajante y ayuda al drenaje linfático de la zona.

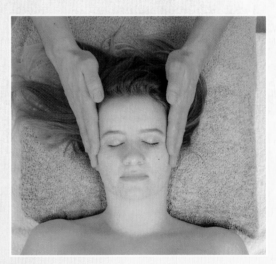

1 Aplique los dedos en posición plana, administrando masaje mediante rozamiento a las mejillas, comenzando por los laterales de la nariz y trabajando en dirección a las orejas.

2 Cuando los dedos alcancen las orejas continúe el rozamiento sobre los lados de la cara y el cuello. Levante las manos entonces y repita el movimiento varias veces.

ROZAMIENTO CON LOS DEDOS PLANOS A TRAVÉS DE LA ZONA SUPRALABIAL Y LAS MEJILLAS

Como el movimiento anterior, éste tiene un efecto relajante y potenciador del drenaje linfático.

1 Aplique rozamiento a través de la zona supralabial con los dedos índice y corazón. Comience por el centro y continúe hacia las mejillas.

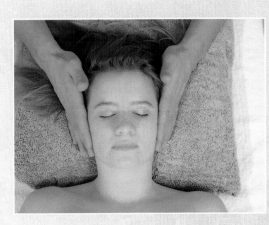

2 Los mismos dedos se utilizan para aplicar rozamiento sobre las mejillas, comenzando por el centro y trabajando hacia afuera en dirección a la mandíbula. Mantener los dedos planos y la presión ligera.

3 Al llegar a la mandíbula, las manos giran, en dirección al pecho, de forma que se aplique rozamiento descendente a los lados del cuello.

ROZAMIENTO CON LOS PULGARES-OREJAS

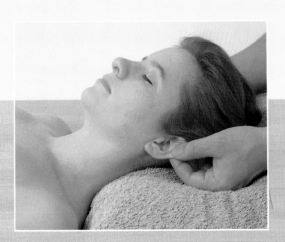

1 Masajear las dos orejas a la vez. Sostener cada oreja con la punta de los dedos. Utilizar los pulgares para aplicar presión en círculos muy pequeños en la zona carnosa de las orejas, trabajando con los pulgares la parte exterior de cada oreja. No es necesario repetir este movimiento.

Varios puntos reflejos relacionados con el conjunto del cuerpo se localizan en torno a las orejas y, por consiguiente, masajear el área tiene efectos muy beneficiosos y relajantes.

ROZAMIENTO CON LA PUNTA DE LOS DEDOS A TRAVÉS DE LAS MEJILLAS

El masaje sobre los pómulos ayuda a aliviar la congestión de los senos nasales. Esto se debe a que varios puntos reflejos se localizan allí. Además, contribuye a incrementar el drenaje linfático.

1 Curvar ligeramente los dedos de forma que la punta pueda aplicar presión justo bajo los pómulos. Comience por el centro, cerca de la nariz y trabaje hacia afuera hasta llegar a las orejas. Repetir varias veces.

TAPADO DE OJOS

La aplicación de esta técnica forma parte de la secuencia de masaje facial o constituye el punto final de la sesión de masaje completo del cuerpo.

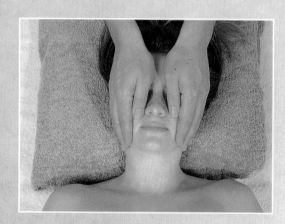

1 Sitúe las dos manos encima de los ojos cerrados. Tapar los ojos con las manos puede resultar al principio un poco inquietante, pero cuando el receptor se acostumbra resulta muy relajante. No se aplica otra presión que el propio peso de las manos. Mantenga la posición unos minutos. Las dos manos han de mantenerse muy relajadas y libres de tensión.

SOSTENIMIENTO MANTENIDO

Hablando con propiedad, esta no es una técnica de masaje, pero se incluye en esta sesión por su efecto relajante. Sostener la cabeza de esta forma tiene efectos emocionalmente positivos y facilita al receptor la eliminación de la tensión.

 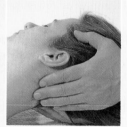

Procure evitar.

Aplicar esta técnica a alguien durante un ataque de migraña, ya que puede empeorar los síntomas

•

Algunas personas pueden encontrar incómodo mantener esta posición más allá de unos minutos si padecen determinadas enfermedades como artritis en el cuello

1 En primer lugar, póngase cómodo junto a la cabeza del receptor. Sitúe sus manos juntas sobre el banco de masaje, con las palmas vueltas hacia arriba, para que repose sobre ellas la cabeza del receptor. Indíquele que deje caer sobre sus manos todo el peso de la cabeza. Pídale que realice algunas inspiraciones profundas y que se deje llevar en las espiraciones. Cuando note que el receptor se abandona a su peso, mantenga la posición varios minutos para provocar una mayor relajación.

PECHO Y ABDOMEN

* *

El pecho y el abdomen son quizá las zonas más vulnerables del cuerpo. Asegúrese de que los movimientos y la presión son asumibles para el receptor.

* *

ROZAMIENTO REVERTIDO DE PALMA-PECHO Y ABDOMEN

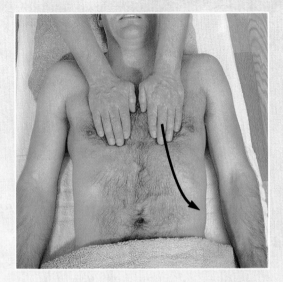

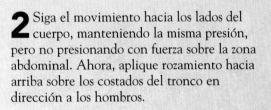

Aplique esta técnica como un movimiento inicial para el masaje del pecho y del abdomen. Puede repetirse después de otros movimientos.

1 Sitúese tras la cabeza del receptor. Ponga sus manos en posición central sobre la parte superior del pecho y comience a aplicar rozamiento hacia abajo en dirección al abdomen. Cuando aplique masaje a una mujer, las manos han de moverse juntas entre los senos. Si resulta difícil alcanzar la zona abdominal lleve las manos hacia abajo hasta donde le resulte cómodo.

2 Siga el movimiento hacia los lados del cuerpo, manteniendo la misma presión, pero no presionando con fuerza sobre la zona abdominal. Ahora, aplique rozamiento hacia arriba sobre los costados del tronco en dirección a los hombros.

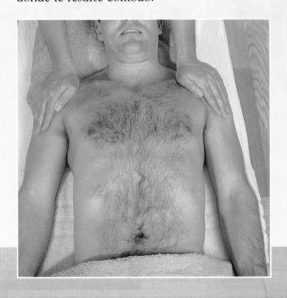

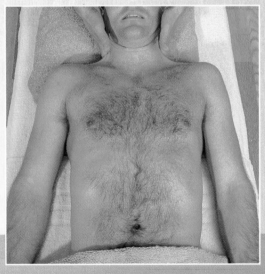

3 Prosiga el rozamiento sobre los hombros amoldando las manos a sus contornos.

4 El movimiento concluye cuando las manos se desplazan bajo el cuello hacia la base del cráneo. Ponga de nuevo las manos sobre el pecho y repita el movimiento.

ROZAMIENTO ENTRECRUZADO - ABDOMEN

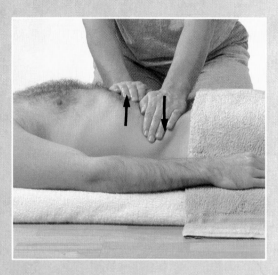

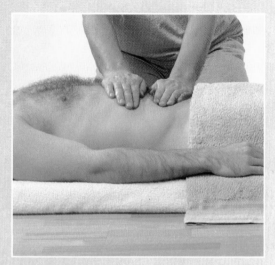

Esta técnica ayuda a relajar los músculos e incrementa la temperatura en el abdomen y el conjunto del cuerpo.

1 Sitúese al costado del receptor. Sitúe sus manos sobre el abdomen. Aplique rozamiento mediante el movimiento de sus manos hacia adelante y hacia atrás una detrás de la otra. Mantenga sus manos unidas al mismo tiempo.

2 Con el mismo movimiento trabaje hacia arriba en dirección al pecho y hacia abajo en dirección a la zona púbica. Asegúrese de que el movimiento le resulta cómodo al receptor. El ritmo ha de ser muy lento.

ROZAMIENTO DE PALMA - ABDOMEN Y PECHO

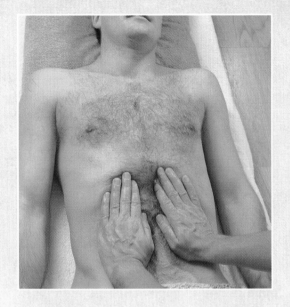

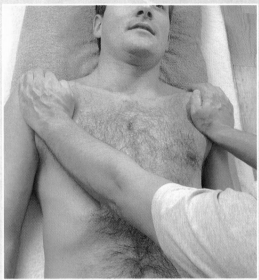

Intente crear un ritmo para cada movimiento. Es muy relajante cuando se lleva a cabo de forma muy lenta y con poca presión.

1 Comenzar por la zona abdominal el rozamiento con las palmas de las dos manos desde el abdomen, y sobre el pecho en dirección a la cabeza. Cuando se aplica masaje a una mujer, las manos se desplazan juntas entre los senos. Las manos pueden también levantarse para evitar aplicar masaje a los tejidos que rodean los senos.

2 Cuando llegue a la parte superior del pecho desplace sus manos a la zona superior de los hombros. Ahueque las manos para abarcar los hombros e incremente ligeramente la presión.

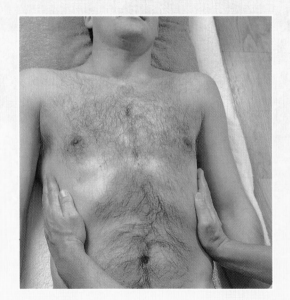

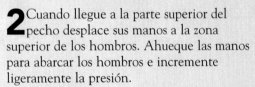

3 Continúe el movimiento a los lados del tronco en dirección a la pelvis. A la altura de la cintura gire las manos de forma que los dedos apunten hacia los costados del tronco y muévalas hacia el centro del abdomen. Sitúe las manos con la puntas de los dedos apuntando hacia la cabeza y repita el movimiento varias veces.

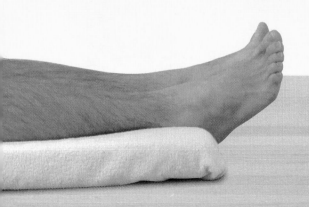

RELAJACIÓN

4

EL BRAZO

Repita los movimientos de masaje sobre el brazo y las manos varias veces. Ajuste la posición del brazo de forma que pueda llevar a cabo los movimientos confortablemente.

ROZAMIENTO - EL BRAZO

Este rozamiento contribuye al incremento de la circulación en las manos cuando el movimiento se ejecuta en dirección a ellas (paso 3).

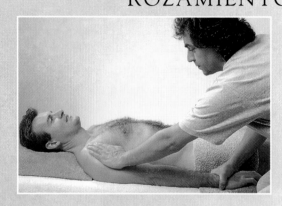

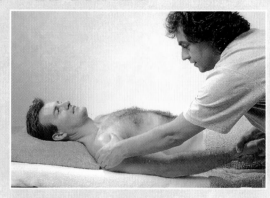

1 Con una mano sujetar la muñeca del receptor y con la otra llevar a cabo el rozamiento sobre el brazo. Mantenga la palma y los dedos rectos pero relajados.

2 Ahueque la mano para abarcar el hombro.

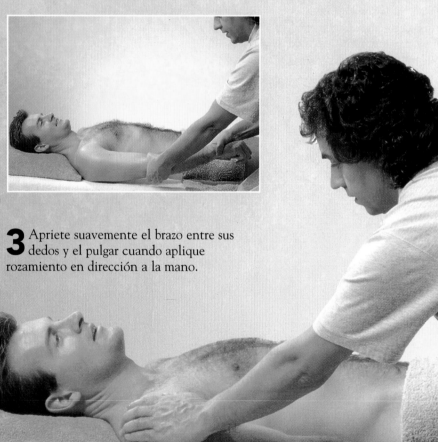

3 Apriete suavemente el brazo entre sus dedos y el pulgar cuando aplique rozamiento en dirección a la mano.

ROZAMIENTO - LA MANO

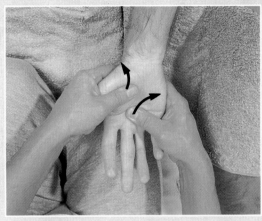

Aparte de ser muy relajante, el masaje de las manos también opera sobre puntos reflejos relacionados con el conjunto del cuerpo.

1 Utilice la palma y los dedos de una mano para aplicar rozamiento sobre el dorso de la mano del receptor varias veces.

2 Gire la palma de la mano hacia arriba, y utilice sus pulgares para aplicar rozamiento en círculos pequeños a lo largo y ancho de la palma de la mano.

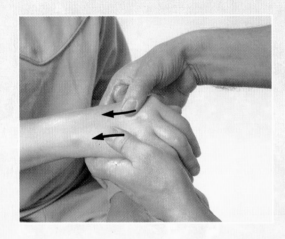

3 Utilice los pulgares para aplicar rozamiento al dorso de la mano y a la muñeca. Sostenga la mano del receptor con sus dos manos. Aplique un movimiento semicircular con cada dedo pulgar alternativamente. Utilice una firme presión y prosiga con el movimiento más o menos durante un minuto.

LA PIERNA

*Las técnicas sobre la pierna y el pie se llevan a cabo con una presión media y un
ritmo lento para lograr una relajación general. El movimiento ascendente potencia
el retorno venoso y el descendente incrementa la circulación del pie.*

ROZAMIENTO DE PALMA - PARTE FRONTAL DE LA PIERNA

*Este rozamiento
comienza en el tobillo y
se desplaza hacia la
parte superior de la
pierna. Sitúese, pues,
en un lugar desde
donde pueda alcanzar
cómodamente ambos
puntos.*

1 Ponga sus manos de forma que cubran lo
más posible el contorno de la pierna.
Comience el movimiento con las manos
cubriendo la parte externa e interna de la
pierna bajo la rodilla. Cuando hayamos
repetido el movimiento hay que desplazar las
manos de modo que todas las zonas internas y
externas reciban masaje. Tenga cuidado de no
presionar sobre la espinilla. Prosiga el
rozamiento hacia el muslo. Es preciso tomar
precauciones para no aplicar ninguna presión
sobre la rodilla.

2 Cuando alcance la parte superior del
muslo sitúe una mano sobre el lado
externo del mismo y la otra sobre el interno.

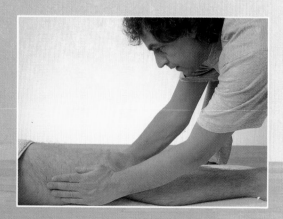

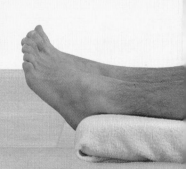

3 Reinicie un nuevo rozamiento muy suave,
en el que las manos recorran la pierna
hacia abajo en dirección al tobillo, para
repetir el movimiento.

ROZAMIENTO - EL PIE

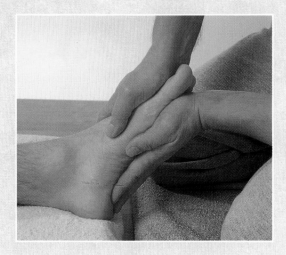

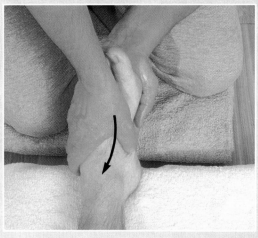

Algunas personas encuentran más relajante el masaje sobre el pie que sobre cualquier otra zona del cuerpo, mientras que otras pueden encontrar el pie demasiado sensible a las cosquillas como para ser masajeado.

1 Utilice una mano para sostener la planta del pie mientras la segunda masajea la parte superior.

2 Aplique rozamiento con la palma y los dedos, comenzando por los dedos del pie y trabajando hacia el tobillo, terminando con el pulgar situado en la parte interna del tobillo y los otros dedos en la externa.

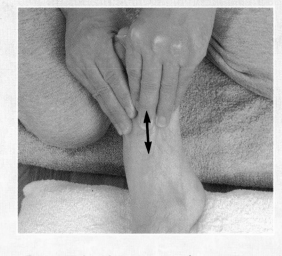

3 Se puede aplicar un segundo rozamiento sobre el pie con la punta de los dedos en el empeine y los pulgares debajo. Aplique una presión firme, con los dedos desplazándose hacia adelante y hacia atrás sobre una misma zona, antes de desplazarse hacia otra, siempre sobre el empeine.

TÉCNICA INMÓVIL

El plexo solar está situado en el centro de una línea imaginaria que separa el pecho y el abdomen. Sitúe una mano sobre la zona del plexo solar del receptor, muy suavemente, sin presión de ningún tipo. Sitúe la segunda mano sobre la frente, manteniendo la presión lo más ligera posible. Mantenga esta posición durante algunos minutos para conseguir una relajación más profunda. Usted ha de estar asimismo relajado, para lo que pueden serle útiles algunos ejercicios de respiración.

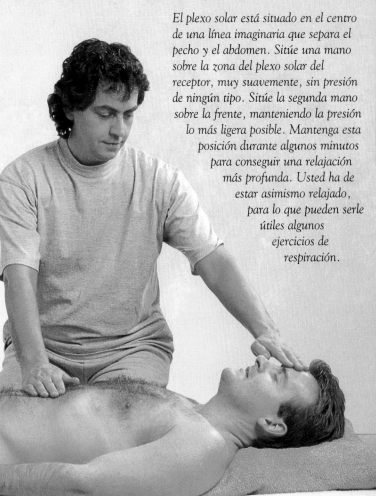

4

PUNTOS DE ACUPRESIÓN

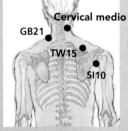

TW15: Ligeramente por encima del extremo de la paletilla más próximo a la espina dorsal.

GB21: Este punto se encuentra en el límite superior del hombro, a medio camino entre la base del cuello y la articulación del hombro. Como se trata de una zona normalmente agarrotada debido a la tensión muscular, no resulta difícil de localizar.

Trate estos puntos en parejas. Los puntos se ilustran con el receptor tumbado boca arriba. Pueden también ser tratados con el receptor tumbado boca abajo.

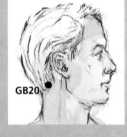

GB20: A cada lado de la espina dorsal, a medio camino entre la espina y la protuberancia ósea tras la oreja. Ahí se encuentra un pequeño hueco entre dos grupos de músculos en la base del cráneo (occipital) en la zona central, donde se halla localizado este punto.

SI10: Este punto se encuentra en el lado exterior del omóplato, justo debajo del punto donde se halla el húmero (hueso del antebrazo). Otro camino para describir esta localización es en la parte posterior de la axila, justo debajo de la articulación del hombro.

Tope de la cabeza y Tercer Ojo: Cada uno de ellos es un punto central singular, aunque deben ser tratados a la vez como si fueran una pareja. El Cervical medio y GB14: tratar a la vez estos puntos en un lado del cuerpo y luego repetir en el otro lado.

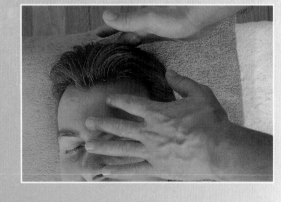

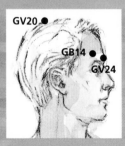

Tope de la cabeza (GV20): En el mismo centro de la parte superior de la cabeza.
Tercer Ojo (GV24): En la frente entre las cejas.

Cervical medio: Es el punto medio entre la base del cráneo (occipital) y el límite inferior del cuello, al lado de la prominencia ósea. Este punto está contraindicado durante el embarazo.
GB14: A un dedo por encima de las cejas, alineado con el centro de la pupila del ojo, en un pequeño hueco. Presionar muy ligeramente cuando esté siendo tratado.

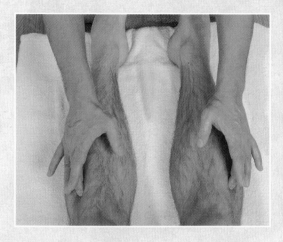

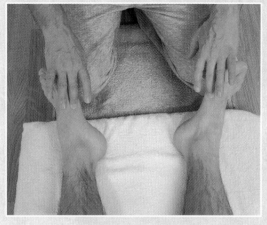

Sanri St36: Sitúese junto a los pies del receptor y trate estos puntos a la vez. Se encuentran en la zona exterior de la pierna, bajo las rodillas. Localice los dos huesos de esa parte de la pierna, justo debajo de la articulación de la rodilla. Uno de los huesos está al frente, la tibia, y el otro en la parte externa, el peroné. Los puntos de acupresión se localizan allí donde estos dos huesos se encuentran, justo debajo de la rodilla.

Sp4: Trate estos puntos a la vez, simultáneamente en el lado izquierdo y en el derecho. Se hallan en la parte interior del pie. Desde la base del dedo pulgar siga la línea del hueso en dirección al talón a lo largo del lado interno del pie. Más o menos hacia la mitad del camino entre la base del dedo pulgar del pie y el talón hay una prominencia ósea. Este punto de acupresión está localizado justo debajo de ella en dirección a la planta del pie. Frecuentemente es bastante sensible a la presión.

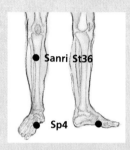

PUNTOS REFLEJOS

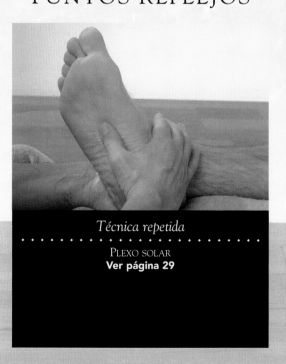

Técnica repetida

PLEXO SOLAR
Ver página 29

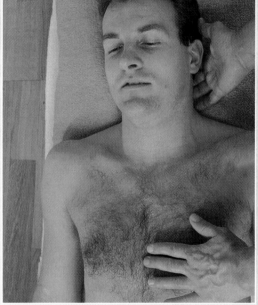

Estos dos puntos se tratan juntos con una mano en el esternón y la otra sobre la base del cráneo.

4

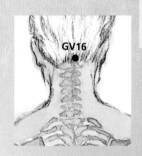

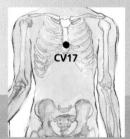

Base del cráneo (GV16): Este punto se encuentra en la base del cráneo (occipital) en el mismo lugar en el que se une con la parte superior del cuello.

Centro del esternón (CV17): El esternón está situado entre las costillas en la parte frontal del pecho. Encuentre el punto medio entre la parte superior y la inferior del hueso y, también en el centro a lo ancho, se halla este punto de acupresión.

LA CABEZA Y LOS HOMBROS

Existen varias técnicas de relajación que pueden ser aplicadas con el receptor sentado. Se trata de una posición muy utilizada cuando bien el receptor o bien el masajista no pueden trabajar sobre el suelo.

TÉCNICAS REPETIDAS

Los siguientes movimientos sobre el cuello y los hombros han sido ya mostrados con anterioridad. Pueden ser incorporados a esta sesión de relajación con el receptor sentado.

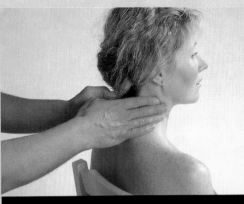

Técnica repetida

ROZAMIENTO DE PALMA - CUELLO
Y HOMBROS
Ver página 44
•
Seguido por ROZAMIENTO CON LOS PULGARES -
ESPALDA SUPERIOR Y HOMBROS

Técnica repetida

ROZAMIENTO CON EL PULGAR - ESPALDA
SUPERIOR Y HOMBROS
Ver página 45
•
Seguido por AMASAMIENTO - ESPALDA
SUPERIOR Y HOMBROS

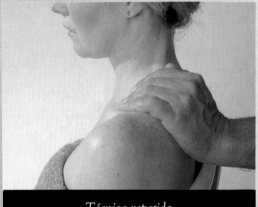

Técnica repetida

AMASAMIENTO - ESPALDA SUPERIOR Y HOMBROS
Ver página 45
•
Seguido por ROZAMIENTO CON
ASIMIENTO - CUELLO

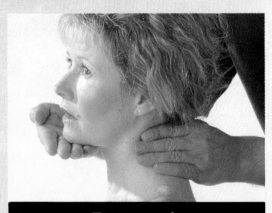

Técnica repetida

ROZAMIENTO CON ASIMIENTO - CUELLO
Ver página 46
•
Seguido por ROZAMIENTO CON LOS DEDOS
PLANOS - A TRAVÉS DE LA FRENTE

LA CARA

El masaje facial es muy relajante y puede ser aplicado de forma separada como una terapia en sí misma. Aquí se presenta incorporado a la sesión general de masaje.

ROZAMIENTO CON LOS DEDOS PLANOS A TRAVÉS DE LA FRENTE

Esta técnica hace sentir como si la tensión se eliminase, tensión que a veces resulta evidente en el ceño fruncido de la frente.

1 Sitúe las manos unidas la una a la otra sobre la frente, con los dedos de una mano apuntando a los de la otra. Comenzar en la zona central, aplicando masaje mediante rozamiento suave hacia las sienes.

2 Cuando las manos alcanzan las sienes, el movimiento prosigue hacia abajo en dirección a las mejillas. Las manos se levantan entonces y regresan al centro de frente. Repita varias veces.

MOVIMIENTO DE PRESIÓN PELLIZCADA A TRAVÉS DE LAS CEJAS

La técnica del masaje de compresión sobre las cejas se utiliza para la relajación tanto como para la congestión de los senos nasales, ya que afecta a muchos puntos reflejos allí localizados.

1 Con los dedos pulgar e índice, pellizcar las cejas suavemente y mantener así durante unos segundos.

2 Aligerar la presión y desplazar las manos un poco hacia las sienes. Aplicar la presión pellizcada otra vez antes de volverse a cambiar de lugar. Repetir por toda la superficie de las cejas.

*Este movimiento
combina un
movimiento de masaje,
con presión sobre los
puntos de acupresión a
cada lado de la nariz y
la frente.*

PRESIÓN CON EL DEDO ÍNDICE Y
ROZAMIENTO - LA FRENTE

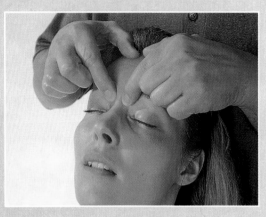

1 Sitúese detrás del receptor y haga descansar su cabeza sobre su abdomen. Puede utilizar un cojín o una toalla doblada bajo la cabeza. Sitúe la punta del dedo índice de cada mano una a cada lado de la nariz, allí donde se encuentran las cuencas de los ojos y las cejas. Aplique una presión suave en ese punto, sin mover o deslizar los dedos, durante aproximadamente seis segundos.

2 Comience a deslizar la punta de los dedos hacia arriba en dirección a la línea del cabello, aplicando una presión ligera. Cuando los dedos alcanzan el final de la frente, levántelos y vuelva a situarlos en la posición inicial. Repita varias veces.

ROZAMIENTO CON LOS DEDOS PLANOS -
A TRAVÉS DE LAS MEJILLAS

*Aplicar masaje por
rozamiento a las
mejillas es muy
relajante y contribuye
al drenaje linfático de la
zona.*

1 Comenzar por los lados de la nariz, con los dedos juntos formando un plano. Aplicar rozamiento a las mejillas, trabajando hacia las orejas.

2 Cuando los dedos alcancen las orejas, prosiga el movimiento sobre los lados de la cara y el cuello. Luego levante los dedos y repita el movimiento varias veces.

ROZAMIENTO CON LOS DEDOS PLANOS - A TRAVÉS DE LA ZONA SUPRALABIAL Y LA BARBILLA

Como en el movimiento previo, éste tiene un efecto relajante, a la vez que incrementa el drenaje linfático.

1 Los dedos índice y corazón se utilizan para aplicar rozamiento a través de la zona supralabial, comenzando por el centro.

2 Prosiga el rozamiento hasta las mejillas, antes de repetir de nuevo varias veces.

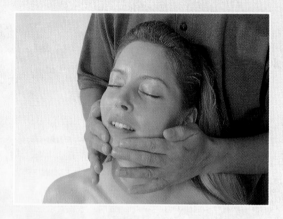

3 Utilice los mismos dedos para aplicar rozamiento sobre la barbilla, comenzando por el centro y trabajando hacia la articulación de la mandíbula. Mantenga los dedos planos y la presión suave.

4 Cuando llegue a la articulación de la mandíbula gire las manos en dirección a los pies para aplicar rozamiento a los lados del cuello.

Técnica repetida

MASAJE DE CUERO CABELLUDO
Ver página 47
•
Seguido por
TAPADO DE OJOS

4

TAPADO DE OJOS

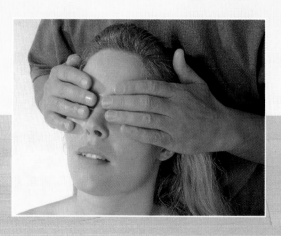

1 *Esta técnica va a continuación del masaje de cuero cabelludo*. Pida al receptor que cierre los ojos y haga descansar suavemente sus manos sobre ellos. Cubrir así los ojos puede ser ligeramente inquietante al principio, pero cuando el receptor se acostumbra a ello esta técnica resulta muy relajante. No se aplica ninguna otra presión que el propio peso de las manos. Mantenga la posición durante varios minutos, con las manos muy relajadas y libres de tensión.

EL BRAZO

Los movimientos de masaje sobre el brazo estimulan la circulación, especialmente en la mano, pero si además se lleva a cabo con un ritmo lento, también se produce una relajación.

ROZAMIENTO

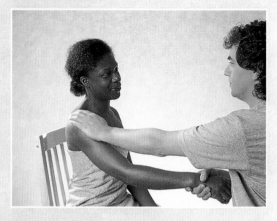

1 Sostener la mano del receptor por la muñeca, utilizando la otra mano para aplicar rozamiento en el antebrazo y el brazo. Mantenga su palma y sus dedos derechos pero relajados.

2 Ahueque la mano para abarcar y cubrir los hombros.

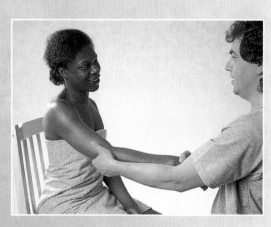

3 Mantenga una leve presión entre los dedos y el pulgar mientras aplica rozamiento hacia la parte inferior del brazo en dirección a la muñeca. Repita varias veces.

Técnica repetida

ROZAMIENTO - LA MANO
Ver página 71

Sigue a ROZAMIENTO - EL BRAZO

EL PIE

Masajear los pies puede ser extremadamente relajante, pero, por otro lado, puede resultar demasiado proclive a las cosquillas.

ROZAMIENTO

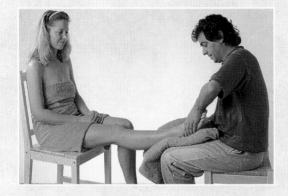

Este movimiento puede ser llevado a cabo con el pie del receptor descansando en un cojín situado sobre sus rodillas.

1 Sostenga con una mano la planta del pie mientras que la segunda mano masajea la parte superior. Utilice la palma y los dedos para aplicar el rozamiento.

2 Comience por los dedos trabajando en dirección al tobillo, terminando con el pulgar sobre la parte interna del pie y los otros dedos sobre la parte externa del tobillo.

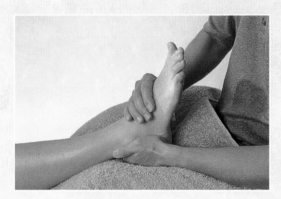

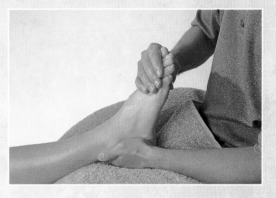

3 Apriete con suavidad con los dedos planos situados sobre la parte superior del pie y los pulgares debajo.

4 Comience por el talón, apretando mientras desliza sus manos hacia los dedos de los pies. Repita varias veces.

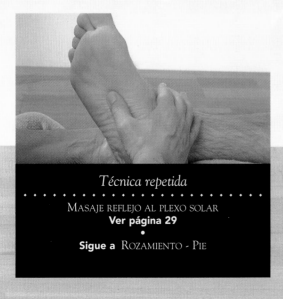

Técnica repetida

MASAJE REFLEJO AL PLEXO SOLAR
Ver página 29
·
Sigue a ROZAMIENTO - PIE

Técnica repetida

PUNTOS DE ACUPRESIÓN
Ver páginas 48-49
·
Sigue a MASAJE REFLEJO AL PLEXO SOLAR

RELAJACIÓN

4

5

DEPORTES

DEPORTES

El masaje tiene innumerables aplicaciones en el ámbito deportivo. Es utilizado en los entrenamientos, antes y después del ejercicio y las competiciones deportivas y también como una parte de los sistemas de rehabilitación. Aunque las técnicas son similares, el énfasis es diferente en cada aplicación.

Cualquier tipo de ejercicio físico puede llegar a provocar una lesión si no se practica con cuidado. Los músculos, por ejemplo, se lesionarán fácilmente si no se ha hecho un calentamiento apropiado o si se han sobrecargado. El cuerpo puede ser susceptible de lesionarse a causa de desequilibrios mecánicos o debilidad. Los movimientos repetitivos de ejercicios de step, por ejemplo, pueden conducir a desequilibrios de pelvis o distensión de ligamentos.

Antes de un acontecimiento deportivo los músculos se calientan en preparación para un trabajo intensivo. Tras la competición el masaje se utiliza para relajar los músculos y reducir cualquier acumulación de sustancias residuales en el organismo. El ritmo y la presión varían de una situación a otra. Las técnicas de masaje de calentamiento incluyen rozamiento rápido y movimientos percusivos. Los movimientos de masaje tras el ejercicio incluyen rozamiento para el drenaje circulatorio y amasamiento.

CALENTAMIENTO PREVIO AL EJERCICIO

Calentar antes de realizar ejercicio es importante. El estiramiento y la tonificación ayudan a reducir la posibilidad de lesiones musculares. Un músculo trabaja mediante extensión y contracción, variando los grados y a distintas velocidades. Esto sólo puede ser adaptado sin riesgo desde que los tejidos internos y los que rodean al músculo se estiran y calientan.

ACEITES DE MASAJE

Para calentar y tonificar los músculos
Enebro • Pimienta negra • Romero

Para reducir espasmos musculares
Salvia • Jazmín • Mejorana

Para reducir el dolor en los músculos
Camomila • Lavanda • Mejorana

Para reducir la inflamación y las magulladuras
Camomila • Lavanda • Mirra

EL MASAJE DURANTE EL ENTRENAMIENTO

Durante los periodos de entrenamiento el masaje se utiliza para incrementar la circulación a través de los músculos y para soltar y distender los tejidos. El flujo de sangre incrementado provee de nutrientes y disminuye cualquier acumulación de ácido láctico y dióxido de carbono, sustancias residuales derivadas del trabajo muscular. La distensión de los tejidos musculares mantiene las distintas capas musculares libres para deslizarse unas sobre otras y así contraerse y extenderse, potenciando su eficacia. El masaje puede ser administrado al menos una vez a la semana, en días de descanso o cuando sólo se han planeado entrenamientos ligeros.

ENTRENAMIENTO: MÚSCULOS DE LA PIERNA

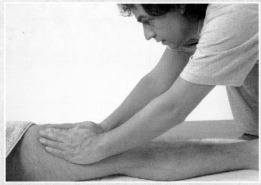

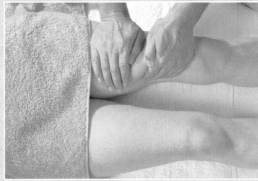

Tomando como ejemplo los músculos de la pierna, la sesión que se expone a continuación puede seguirse como una guía general.

1 **Rozamiento con las palmas** sobre la parte frontal de la pierna. Este movimiento se aplica durante cinco minutos para estimular la circulación hacia el corazón, y así liberarla de sustancias tóxicas. La técnica ha sido expuesta en la página 72.

2 A continuación del rozamiento, aplique **amasamiento** sobre los músculos frontales de los muslos, para distender los tejidos musculares. La técnica para la parte frontal del muslo se describe en la página 122, y para la parte posterior en la página 86.

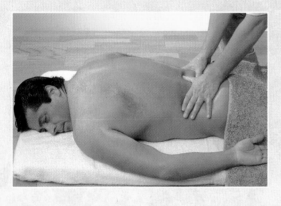

3 Utilice el **rozamiento con el pulgar** para trabajar en profundidad algunas zonas contracturadas que transmiten una sensación dura y desigual. Se ha mostrado para la zona lumbar en la página 18.

4 Repita el **rozamiento con la palma** unos minutos más.

5 Repita los mismos movimientos en la parte posterior de la pierna.

Procure evitar:

Usar el masaje donde haya una lesión, como un esguince o un músculo con una contusión. En esas situaciones es recomendable acudir a un terapeuta deportivo cualificado. Consulte también los consejos que se ofrecen más adelante en este mismo capítulo.

DEPORTES

SESIÓN PARA EL DEPORTE **Masaje en el entrenamiento**	SESIÓN PARA EL DEPORTE **Masaje antes de practicar deporte**	continúa	SESIÓN PARA EL DEPORTE **Masaje para después del deporte**	SESIÓN PARA EL DEPORTE **Masaje autoadministrado** ANTES DEL DEPORTE

Rozamiento con la palma
•
Amasamiento
•
Rozamiento con el pulgar

Masaje sobre la pierna

Rozamiento vigoroso
•
Rozamiento entrecruzado
•
Amasamiento
•
Movimientos percusivos:
•
Golpes de meñique
•
Ahuecado
•
Golpeteo de puño plano

Masaje sobre la espalda

Rozamiento con la palma
•
Rozamiento entrecruzado
•
Movimientos percusivos:
•
Golpes de meñique
Ahuecado

Masaje sobre el brazo

Rozamiento
•
Amasamiento
•
Golpes percusivos:
•
Golpes de meñique
•
Ahuecado

Masaje sobre la pierna

Rozamiento
•
Drenaje linfático
•
Amasamiento

Masaje sobre la espalda

Rozamiento

Masaje sobre la pierna

Rozamiento con la palma
•
Rozamiento alternando las palmas
•
Rozamiento entrecruzado

Después del deporte

Rozamiento sobre la pierna

5

MASAJE DE CALENTAMIENTO - LA PIERNA

El masaje se utiliza junto a los ejercicios de estiramiento y otras técnicas de calentamiento, justo antes de una actividad deportiva, para calentar los músculos. Resulta más beneficioso aplicar estas técnicas durante aproximadamente 15 minutos antes de la actividad. Las que siguen son algunas técnicas que pueden emplearse. Se llevan a cabo sobre las piernas y brazos la mayor parte del tiempo, aunque pueden incluirse los músculos de la espalda si se considera necesario. Sin embargo, sólo resulta eficaz si el receptor no se queda frío antes, durante y después del masaje.

ROZAMIENTO VIGOROSO

Aplique rozamiento para calentar los músculos de la parte frontal de la pierna, así como a los de la parte posterior.

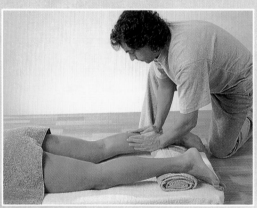

1 La sesión de calentamiento siempre comienza por un rozamiento vigoroso. La mano se desplaza desde el tobillo hacia arriba, en dirección a la pelvis, debiendo ser curvada de modo que pueda cubrir la mayor superficie posible. Los movimientos deben ser suficientemente enérgicos y la presión firme, pero no pesada.

2 Cuando las manos alcanzan el punto más alto del muslo, una mano se desplaza hacia el lado externo del muslo y la otra hacia el lado interno.

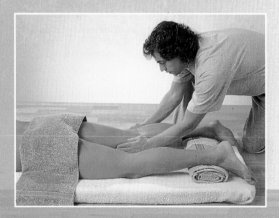

3 Aplique un rozamiento suave, de nuevo hacia abajo en dirección al tobillo y repita el movimiento varias veces.

ROZAMIENTO ENTRECRUZADO

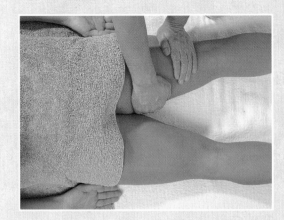

Esta técnica puede ser aplicada a la mayoría de los grupos musculares y es especialmente conveniente para los de la parte frontal y posterior del muslo y para los músculos de la pantorrilla.

1 Sitúese al costado del receptor (mire abajo). Sitúe las dos manos en la parte superior del muslo, una en la parte externa y la otra en la parte interna, con los dedos apuntando hacia la zona opuesta a la que usted ocupa.

2 Aplique rozamiento a través del muslo con las manos desplazándose en sentido opuesto una respecto de la otra.

3 Repita el movimiento entrecruzado a lo largo de todo el muslo. Utilice movimientos muy enérgicos para calentar los tejidos.

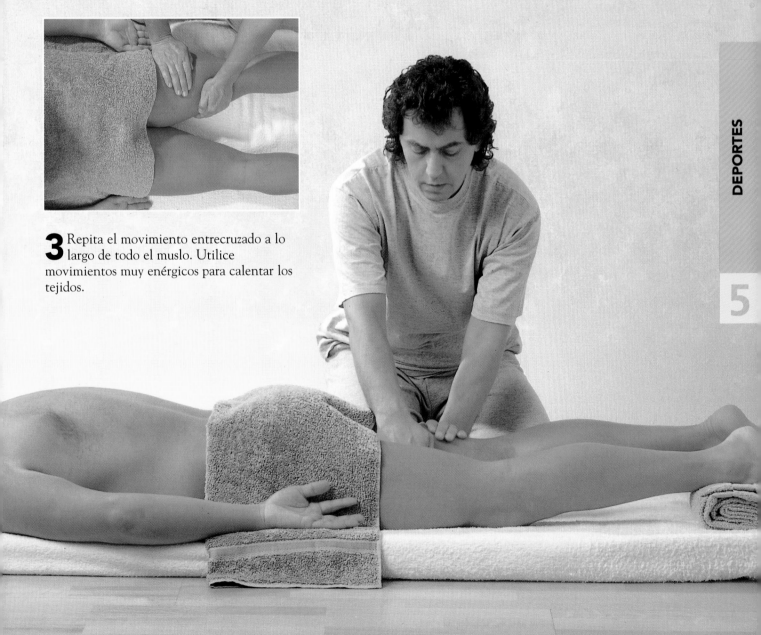

5

AMASAMIENTO

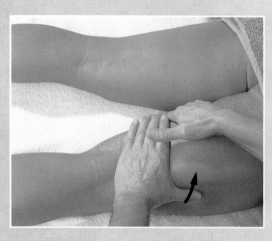

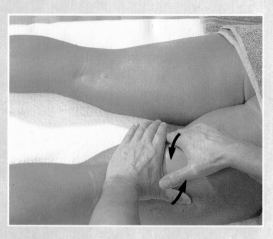

El amasamiento eleva los grupos musculares desde el hueso subyacente a la vez que comprime el tejido muscular. Lleva un poco de tiempo aprender esta técnica, pero cuando se consigue resulta muy agradable y efectiva. Esta técnica también se aplica sobre los músculos frontales del muslo.

1 Sitúe los dedos de una mano sobre el lado interno de los músculos en la parte posterior del muslo. La palma de la otra mano se sitúa sobre la parte externa.

2 Eleve y comprima los grupos musculares mediante la aplicación de presión con ambas manos. Prosiga con la presión pero permita a sus manos deslizarse hacia el centro. Añada un ligero retorcimiento de los tejidos al mismo tiempo.

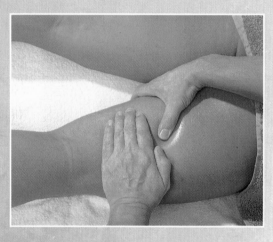

3 Reduzca la presión para que la masa muscular se libere de la presión. Tenga cuidado para no pellizcar la piel. Repita el movimiento de forma que cada mano comience alternativamente en el interior del muslo, trabajando toda la extensión del mismo.

MOVIMIENTOS PERCUSIVOS:
GOLPE CON EL MEÑIQUE

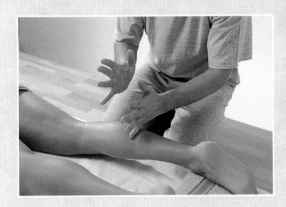

1 Mantenga las manos sobre los músculos que vayan a ser trabajados, con las palmas enfrentadas la una a la otra y los dedos separados. Curve el lateral de la mano desde la muñeca al objeto de golpear con los meñiques. En ciertas zonas no se requiere más peso que el de la propia mano. Los músculos muy desarrollados pueden exigir alguna fuerza añadida. Asegúrese que el límite externo de la palma de la mano no golpea al receptor al estilo karate.

2 Cuando la mano que aplica el golpe se eleva, la otra desciende para percutir, manteniéndose ambas manos muy cerca la una de la otra. Las manos deben rebotar en el músculo, teniendo cuidado de no darle un golpe fuerte. Continúe con este golpeteo de los músculos a ritmo lento durante unos minutos. Trabaje a lo largo del grupo muscular.

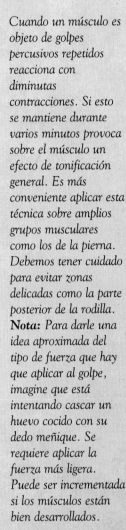

Cuando un músculo es objeto de golpes percusivos repetidos reacciona con diminutas contracciones. Si esto se mantiene durante varios minutos provoca sobre el músculo un efecto de tonificación general. Es más conveniente aplicar esta técnica sobre amplios grupos musculares como los de la pierna. Debemos tener cuidado para evitar zonas delicadas como la parte posterior de la rodilla. **Nota:** *Para darle una idea aproximada del tipo de fuerza que hay que aplicar al golpe, imagine que está intentando cascar un huevo cocido con su dedo meñique. Se requiere aplicar la fuerza más ligera. Puede ser incrementada si los músculos están bien desarrollados.*

5

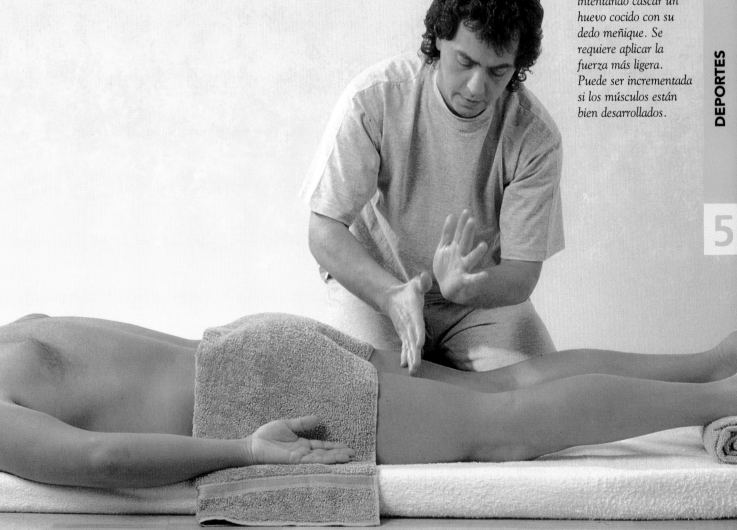

El masaje con la mano ahuecada incrementa el suministro de sangre y el tono de los músculos y la piel. Como parte de la sesión de calentamiento, puede ser aplicada prácticamente en cualquier parte, especialmente sobre los músculos de la pierna. Cuide evitar la parte posterior de la rodilla.

MOVIMIENTOS PERCUSIVOS: AHUECADO

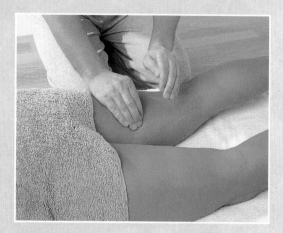

1 Sitúe las manos justo encima del músculo. Ahueque las manos curvando la palma y los dedos y apriete las manos como si estuviera cogiendo una pelota de tenis (con la palma hacia abajo y sin cerrar los dedos). La mano ahuecada golpea el músculo (produciendo un sonido profundo), con el brazo doblado desde el codo.

Una mano golpea mientras la otra se eleva. Deje que sus manos reboten, en vez de golpear. Prosiga con este masaje con las manos ahuecadas durante varios minutos y trabaje el conjunto del área muscular.

MOVIMIENTOS PERCUSIVOS: GOLPETEO CON EL PUÑO PLANO

Esta técnica puede ser utilizada en lugar del golpe con el dedo meñique si se requiere una fuerza mayor, por ejemplo, para los músculos más grandes.

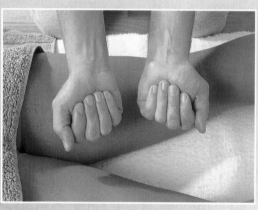

1 Cierre el puño pero manteniendo relajados los dedos, cuyas puntas tocarán la base de la palma. No enrolle lo dedos.

2 Golpee ligeramente el tejido muscular con el puño plano, alternando cada vez una mano. Utilice sólo los dedos y la base de la mano de forma que los nudillos no se claven en el músculo de ninguna forma. Repita varias veces a lo largo del grupo muscular.

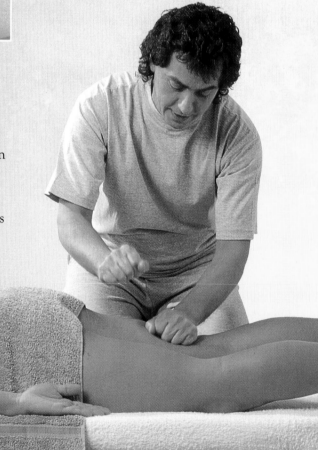

MASAJE PARA CALENTAR LA ESPALDA

Los músculos de la espalda pueden calentarse mediante rozamiento y golpes percusivos. Tenga cuidado de que los tejidos musculares no estén muy fríos antes, durante o tras cualquier técnica de calentamiento, particularmente si se aplica a la espalda. Las técnicas utilizadas para calentar incluyen los movimientos que a continuación se exponen.

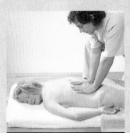

Técnica repetida

ROZAMIENTO CON LA PALMA
Ver página 18
•
Seguido por
ROZAMIENTO ENTRECRUZADO

MOVIMIENTOS PERCUSIVOS: GOLPE CON EL MEÑIQUE

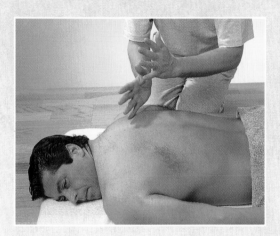

1 Esta técnica sigue al rozamiento de palma y al rozamiento entrecruzado. La técnica con los pulgares, descrita sobre la pierna en la página 87, se aplica ahora sobre la espalda. Se da sólo sobre músculos específicos, debiendo ser evitadas áreas como los riñones y la espina dorsal. Los músculos sobre los que resulta más fácil trabajar son aquellos situados encima del hombro, entre la espina y el omóplato y a cada lado de la espina dorsal. Los golpes percusivos son llevados a cabo sin apenas peso añadido al de la propia mano. Si el receptor está de acuerdo, los músculos de las nalgas pueden ser tonificados con esta técnica.

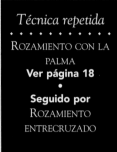

Técnica repetida

ROZAMIENTO ENTRECRUZADO
Ver página 60
•
Seguido por
GOLPE CON EL MEÑIQUE

MOVIMIENTOS PERCUSIVOS: AHUECADO

1 El masaje con la mano ahuecada se emplea también para calentar la espalda. Se utiliza sobre toda ella excepto sobre zonas como los riñones y la espina dorsal. Los músculos y la piel de las nalgas también pueden aprovechar los beneficios de este movimiento si el receptor está de acuerdo.

MASAJE PARA CALENTAR - EL BRAZO

Las técnicas que se describen a continuación se utilizan para calentar y tonificar los músculos del brazo. Los movimientos se llevan a cabo bastante enérgicamente a fin de incrementar la temperatura. Algunos requieren que usted se sitúe en el lado opuesto del cuerpo del receptor, para poder trabajar sobre los dos brazos a la vez.

AMASAMIENTO

Proceda a aplicar amasamiento sobre el brazo por el orden siguiente: a) el bíceps del brazo más próximo a usted; b) los músculos del lado externo de la parte superior del brazo más alejado de su posición. Después desplácese hacia el otro lado para repetir el procedimiento.

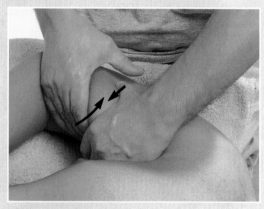

1 *Esta técnica sigue a la de rozamiento.* Trabaje la técnica del masaje sobre el bíceps del brazo más próximo a su posición al costado del receptor. El brazo puede descansar sobre un cojín o sobre una toalla doblada. A continuación, eleve y apriete ligeramente el

bíceps con los dedos de una mano y el pulgar de la otra (puede usarse la base de la mano en lugar del pulgar). Cuando los dedos y el pulgar se deslicen hacia el centro del bulto del músculo, relaje la presión para no pellizcar la piel.

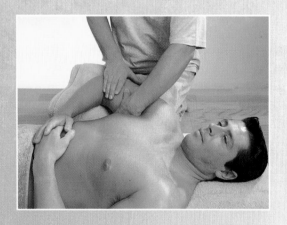

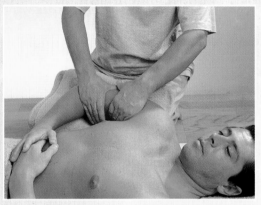

2 Relaje totalmente la presión y repita la elevación y la compresión con los dedos y el pulgar de cada mano.

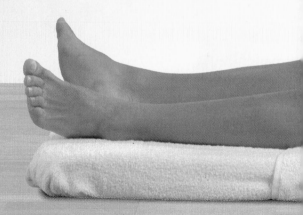

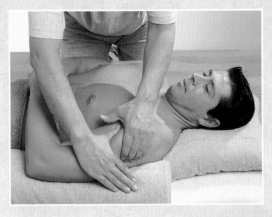

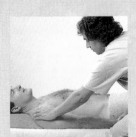

3 El brazo opuesto puede reposar sobre el pecho o apoyarse sobre una toalla doblada para aplicar amasamiento sobre el tríceps y los músculos deltoides en la parte exterior de la parte superior del brazo y para el bíceps.

Cambie de posición y repita los movimientos en el mismo orden sobre el otro brazo. (Parte de arriba) compresión entre los dedos de la mano izquierda y el pulgar de la derecha. (Parte media) compresión entre los dedos de la mano izquierda y el pulgar de la derecha. (Parte inferior) relaje la presión.

Técnica repetida

· · · · · · · · · ·

ROZAMIENTO
Ver página 70
·
Seguida por
AMASAMIENTO

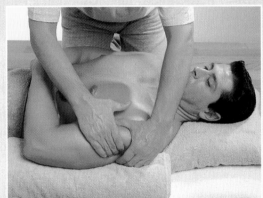

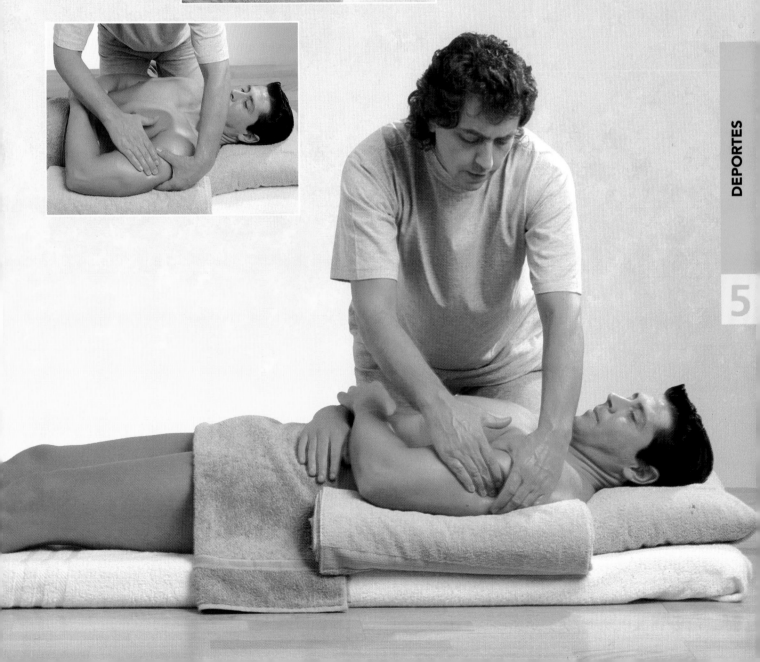

MOVIMIENTOS PERCUSIVOS:
GOLPE CON EL MEÑIQUE

Aplique los golpes percusivos manteniendo las manos muy próximas y moviéndolas unitariamente de modo que se abarque todo el grupo muscular. El golpe con el dedo meñique se aplica golpeando alternativamente cada mano sobre el tejido muscular.

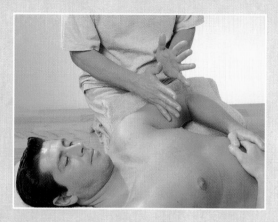

1 Comience por los bíceps del brazo más próximo a usted. El golpe con los meñiques se aplica con muy poca fuerza y se adapta al tamaño de estos músculos.

2 Adopte la misma posición para activar los golpes con los meñiques sobre los músculos exteriores del brazo opuesto.

GOLPES PERCUSIVOS: AHUECADO

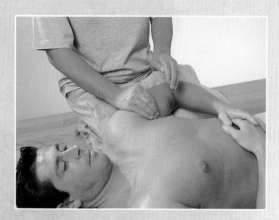

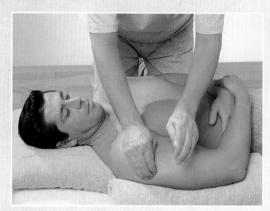

1 Siga el modelo de los dos movimientos anteriores, trabajando primero los bíceps del brazo más próximo a usted. El movimiento con las manos ahuecadas se aplica de la misma forma que el que se da a la parte posterior de las piernas, pero ajustando la presión de acuerdo al tamaño del músculo.

2 Habiendo completado el movimiento sobre el bíceps de un brazo, repita el movimiento sobre los tríceps del otro.

MASAJE PARA CALENTAMIENTO-AUTOADMINISTRADO

Cualquiera que practique deportes puede beneficiarse de las técnicas de masaje autoadministrado, antes de las pruebas y de las competiciones deportivas. El calentamiento muscular reduce la posibilidad de que se produzcan lesiones.

ROZAMIENTO CON LA PALMA - MUSLOS

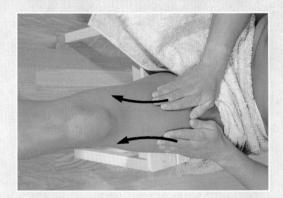

1 Siéntese sobre una silla y sitúe las manos en la parte frontal del muslo. Aplique rozamiento con la palma y los dedos hacia abajo, en dirección a la rodilla, con las dos manos trabajando juntas.

Este masaje mediante rozamiento se lleva a cabo como parte de la sesión de calentamiento para estimular la circulación local.

2 Antes de que las manos alcancen la rodilla coloque una mano sobre la parte interior y la otra sobre la parte exterior del muslo. Complete un círculo con las dos manos moviéndose de nuevo en dirección a la pelvis. Repita esto varias veces. Repita el movimiento pero con las manos masajeando y luego desplazándose hacia la parte posterior del muslo en lugar del interior y la parte externa. Repita varias veces.

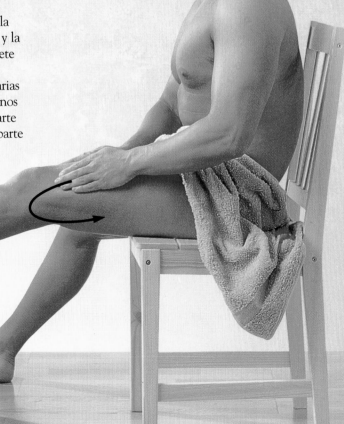

ROZAMIENTO ALTERNO CON LAS PALMAS - PANTORRILLA

Trabaje sobre la pantorrilla y sobre el muslo. El movimiento se aplica hacia arriba, en dirección de la rodilla, para calentar los tejidos y estimular la circulación.

1 Utilice la palma de la mano y los dedos de una mano para aplicar rozamiento al músculo de la pantorrilla, comenzando por el extremo inferior y terminando detrás de la rodilla. Mientras trabaja hacia arriba, aplique una ligera presión a los músculos.

2 Prosiga con la segunda mano, que comienza el movimiento inmediatamente antes de que la primera mano llegue a la rodilla. Prosiga con este movimiento alternativo de forma enérgica durante unos minutos.

ROZAMIENTO ENTRECRUZADO - MUSLO Y PANTORRILLA

Sitúe las manos una a cada lado del muslo con los dedos apuntando en la misma dirección, más o menos hacia el suelo. Masajee ambos lados simultáneamente (la parte interna y la externa, la frontal y la posterior). Cada mano se desplaza hacia atrás y hacia adelante, pero en direcciones opuestas, bastante parecido a las manos frotándose.

1 Sitúe una mano en la parte interior del muslo y la otra en la parte externa. Aplique un movimiento hacia atrás y hacia adelante con cada mano a lo largo de muslo.

2 Ponga una mano al frente y la otra en la parte posterior del muslo, con los dedos apuntando en direcciones opuestas. Aplique rozamiento a través de los grupos musculares, moviéndose a lo largo del muslo.

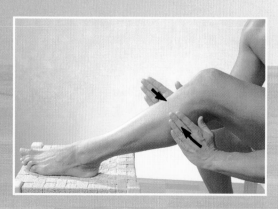

3 Aplique rozamiento a los músculos de la pantorrilla con el mismo sistema entrecruzado. Una mano se sitúa en el interior de la pantorrilla y la segunda sobre la parte externa. Los dedos apuntan más o menos hacia afuera y las manos se desplazan a lo largo de la pierna. Incluya tanta masa muscular de la pantorrilla como le sea posible, de modo que pueda trabajar hacia abajo sobre la pierna.

EL MASAJE DESPUÉS DEL DEPORTE

Inmediatamente después de una competición, como puede ser una carrera larga o una prueba ciclista, los vasos sanguíneos que suministran a los músculos están congestionados. En esta etapa no es necesario un masaje. Si aún así se administra, es preciso tener cuidado para no aplicar una presión excesiva. Después de una competición se dejan transcurrir una o dos horas antes de aplicar masaje, al objeto de reducir cualquier concentración de ácido láctico y dióxido de carbono. Lo más probable es que un atleta disponga de un sistema circulatorio entrenado y eficiente que cumpla completamente esa función, luego, en teoría, el masaje no debería ser necesario. Sin embargo, los productos residuales del metabolismo muscular propenden a permanecer en los tejidos, luego la aplicación de una técnica para potenciar el proceso de eliminación es beneficiosa. Para aliviar el dolor y el agarrotamiento muscular se utilizan aceites de masaje como el de camomila y mejorana.

MOVIMIENTO DE ROZAMIENTO

El movimiento mediante rozamiento descrito anteriormente puede ser utilizado en el masaje posterior a la competición, con la presión muy reducida para estimular el drenaje del fluido linfático. Cualquier parte del cuerpo puede beneficiarse del masaje de rozamiento posterior a la competición y, en particular, las piernas. En la página opuesta se muestran algunos ejemplos de rozamiento que se pueden aplicar después de una competición.

AMASAMIENTO

Una retención de sustancias residuales en los músculos puede incidir

sobre las terminaciones nerviosas de la zona, dando lugar a una hipersensibilización y al dolor. El amasamiento contribuye a limpiar toxinas. Se lleva acabo conjuntamente con el rozamiento y sólo se aplica a músculos muy tensos. Este movimiento se aplica utilizando una presión muy ligera. Las técnicas de amasamiento para los músculos de la parte posterior de los muslos se muestran en la página 86.

MASAJE AUTOADMINISTRADO

El rozamiento con la palma se utiliza para mejorar la circulación y el drenaje de las piernas. Sitúe sus manos a cada lado de la pierna. Aplique rozamiento desde el tobillo hacia arriba en dirección a la parte superior del muslo. Dejar reposar el pie sobre un cojín o sobre la pared contribuye con el movimiento y la gravedad al drenaje.

DEPORTES

5

LESIONES DEPORTIVAS

La mayor parte de los atletas son muy aficionados a hablar acerca de las lesiones que han sufrido: algunos incluso se recrean contando lo valientes que fueron para seguir adelante a pesar de la lesión. Por desgracia, los efectos posteriores de esas heroicidades pueden dejar serias cicatrices en los tejidos, desequilibrios en la función general del músculo y una mayor predisposición para sufrir más lesiones. Tomarse a broma las lesiones no es un requisito necesario para llegar a ser un atleta de élite. Salir de la cancha puede no resultar muy práctico para un jugador profesional, pero en los deportes *amateurs*, los participantes tienen más de una opción. Pero tanto si se trata de profesionales como de *amateurs*, los atletas deben ser capaces de saber reconocer la lesión, parar si es preciso y recibir el tratamiento adecuado.

Las lesiones más comunes son las torceduras y esguinces de los músculos, tendones y liga-

mentos. Todas precisan atención apropiada si se quieren evitar daños mayores. El tratamiento para las lesiones deportivas puede variar de un profesional a otro. Mis teorías al respecto pueden diferir de las de algunos de mis colegas. Sin embargo, todos llegamos al mismo resultado. Mi objetivo en este libro es ofrecer consejo acerca de cómo cuidar una lesión de menor alcance y reseñar cuáles son los tratamientos disponibles para problemas más serios. Este tratamiento de primeros auxilios no es en absoluto sustitutivo de una asistencia profesional.

ESGUINCES MUSCULARES

Un esguince es un ligero desgarro de los tejidos que tiene lugar por un trabajo excesivo del músculo, un sobreestiramiento o una sobrecarga. El desgarro puede tener lugar en la propia fibra muscular o en los tejidos circundantes. En todos los casos se presenta algún grado de inflamación y retención de fluidos. Si se usa el músculo en cuestión sobreviene un dolor agudo, pero en descanso generalmente no duele. Los músculos de la parte posterior del muslo, los de la parte frontal y los de la pantorrilla son lugares donde suele presentarse este problema. Los tratamientos de esguince incluyen descanso, aplicación de toallas frías y bolsas de hielo y técnicas muy ligeras de rozamiento para drenar cualquier exceso de fluido. Los esguinces severos requieren atención de un médico o de un cirujano.

LOS TENDONES

Los tendones también son susceptibles de sufrir desgarros o inflamaciones. Pueden ocurrir en el

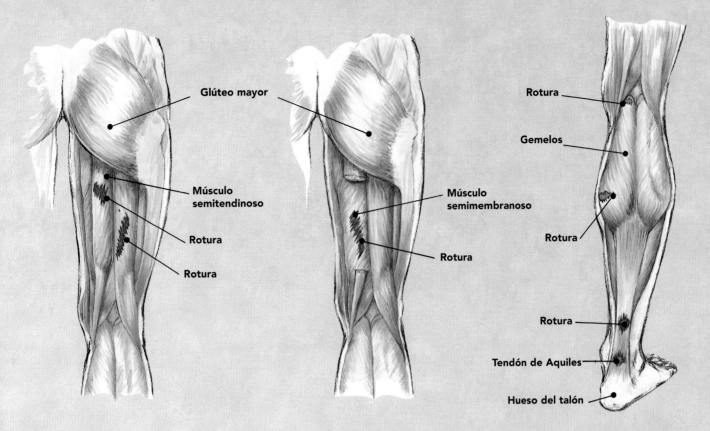

Glúteo mayor

Músculo semitendinoso

Rotura

Rotura

Músculo semimembranoso

Rotura

Rotura

Gemelos

Rotura

Rotura

Tendón de Aquiles

Hueso del talón

Este diagrama muestra dos roturas muy comunes del grupo muscular de la parte posterior del muslo: el semitendinoso y los bíceps femorales.

En este diagrama, el semitendinoso ha sido seccionado para mostrar una rotura del músculo semimembranoso, el tercer músculo del grupo posterior del muslo.

Aquí se muestra la rotura de uno de los músculos de la pantorrilla, el gemelo. Las zonas más frecuentes de lesión en estos músculos son: en el extremo superior del músculo, donde se une al fémur; en el límite inferior, donde se une al tendón; a lo largo del propio tendón, y en el punto donde el tendón se une al hueso del talón.

lugar en el que se insertan en un hueso, como en el codo de tenista, o a lo largo de los mismos, como en el esguince del Talón de Aquiles. La inflamación de los tendones (tendinitis) o de su vaina de recubrimiento (peritendinitis) son frecuentes en deportes, también en forma de LRE (lesiones repetitivas de esguince). Si se utiliza resulta doloroso y la zona queda muy sensible al tacto. Tanto en los casos de esguince como en los de inflamación se aplica el mismo procedimiento de descanso, bolsas de hielo y rozamiento de drenaje ligero. Como en el caso de los músculos, si la lesión es severa, se hace preciso el tratamiento profesional.

LIGAMIENTOS

Los ligamentos son pequeñas bandas de fibras no elásticas situadas junto a los huesos, con los que constituyen una articulación. Se desgarran si una articulación se estira más allá de lo que es normal, dentro de su gama

de movimientos. El talón y el lado interno de la rodilla son lugares donde estas lesiones son frecuentes. Los ligamentos tienen un aporte de sangre más pobre que el de los tendones, por lo que pueden tardar algo más de doce semanas en curarse. Excepto mediante la inmovilización de la articulación con una escayola es difícil evitar que los ligamentos vuelvan a sufrir esguinces y estiramientos. Esto contribuye también a que el periodo de recuperación sea tan largo. Por la misma razón, el fluido retenido alrededor de la articulación puede tardar en reducirse.

Tras una lesión, tan pronto como sea posible, la articulación debe ser inmovilizada mediante vendaje. La mayoría de las veces esto requiere la participación de un terapeuta deportivo. Si la lesión es pequeña, o como medida de primeros auxilios, el vendaje puede ser aplicado con garantías por el propio atleta o por un ayudante para evitar males mayores. También pueden aplicarse bolsas de hielo o

DEPORTES

5

En caso de esguinces de ligamentos, puede usarse un esparadrapo de 50 cm o un vendaje no rígido para sujetar y vendar el tobillo. Aplique el vendaje siguiendo los pasos indicados, del uno al ocho. Fije el final del vendaje con un poco de esparadrapo. Levante el vendaje cuando se apliquen bolsas de hielo y busque siempre apoyo médico si el esguince es severo.

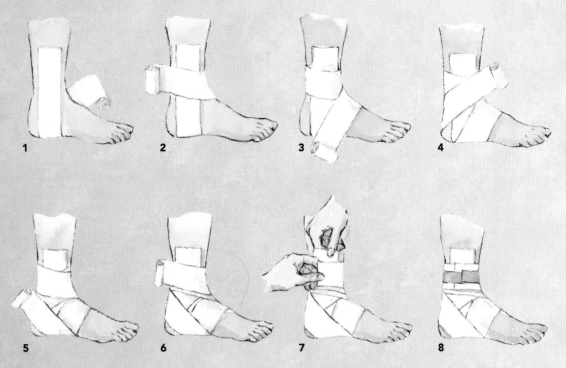

toallas frías en combinación con el vendaje, diez minutos antes de colocar vendas y esparadrapo. El procedimiento de las bolsas de hielo y el vendaje posterior puede repetirse varias veces cada cierto número de horas. Puede ser también muy oportuno sumergir el pie dañado en un recipiente con agua y cubitos de hielo.

La única técnica de masaje que no requiere manos expertas en este tipo de situaciones es la de rozamiento. Consulte las técnicas para el drenaje de edemas en la página 109.

Se puede utilizar una muñequera para mantener el codo en caso de lesión del mismo. Ésta debe ser de tensión y medida ajustable, poniendo la parte almohadillada en el exterior del brazo. Mantener el brazo en reposo y buscar el apoyo de un profesional si la lesión es severa o crónica.

BURSITIS

Los músculos y los tendones friccionan entre sí y sobre los huesos mientras se expanden y se contraen durante el ejercicio. Esto crearía mucha fricción si no fuera por unas pequeñas bolsas llamadas cápsulas sinoviales, situadas por la naturaleza en las zonas más vulnerables. Estas cápsulas se encuentran entre capas de músculos y entre los huesos y los tendones, por ejemplo alrededor de la articulación de la rodilla y detrás del codo. A pesar de la ayuda que recibimos de la naturaleza, la fricción no queda eliminada por completo en ciertas situaciones.

Las propias cápsulas sinoviales pueden verse inflamadas si se les exige en exceso. Esta inflamación se conoce como bursitis, y suele ser bastante frecuente en la rodilla a causa de pasar arrodillados largos periodos de tiempo (rodilla de criada) o de pie (quiste de panadero). Pero también puede estar provocada por lesiones deportivas. La articulación del codo, y con mayor frecuencia incluso, las articulaciones del hombro, son susceptibles también de sufrir esta lesión. Como el desarrollo de la misma puede ser gradual, y los síntomas, mínimos, al principio puede ser un mal asintomático o, lo que es peor, completamente ignorado. El reconocimiento como tales de los primeros síntomas de la bursitis, mediante una cuidado-

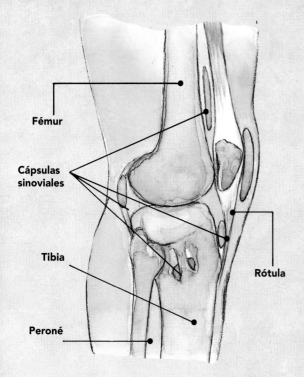

Fémur

Cápsulas sinoviales

Tibia

Peroné

Rótula

Drenaje linfático

Para reducir el edema (retención de fluidos) de la pierna, pueden aplicarse las técnicas mostradas en las páginas 105 y 109. Se trata sólo de una primera medida de ayuda, sin embargo, y no el sustitutivo para un tratamiento profesional.

Bolsas de hielo

Enfriar una zona determinada o una inflamación reduce el calor, el dolor y la retención de fluidos. Antes de colocar la bolsa sobre la piel deben aplicarse cremas o aceites para evitar quemaduras. Cualquier tipo de corte debe ser cubierto para evitar irritaciones. Aplique a la zona la bolsa de hielo y déjela durante aproximadamente diez minutos. Repita dos o tres veces cada día.

Las cápsulas sinoviales previenen la fricción excesiva entre los tendones y los huesos cuando los músculos mueven las articulaciones. La sobreutilización de los músculos puede conducir a la inflamación de una

o más cápsulas sinoviales alrededor de la articulación de la rodilla. La cápsula sinovial situada frente a la rótula, por ejemplo, puede verse inflamada después de permanecer mucho rato de rodillas (ver abajo).

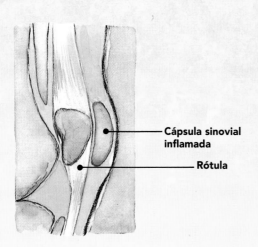

Cápsula sinovial inflamada

Rótula

Procure evitar:

Aplicar bolsas de hielo si se presenta cualquiera de estos síntomas o enfermedades:
Heridas abiertas

•

Sangre excesiva

•

Infecciones

•

Calor inexplicado

•

Cáncer

•

Virus

Tipos de bolsas de hielo

Hay muchos tipos de bolsas de hielo en el mercado y algunas de ellas son reutilizables.

•

Una toalla que haya sido sumergida en agua fría también sirve. Ha de haber sido sumergida durante varios minutos para mantenerla fría. Es el tratamiento más barato y resulta muy efectivo. El agua puede tener cubitos de hielo para hacerla más fría.

El hielo, roto en trozos pequeños, puede envolverse en la toalla como una forma distinta de bolsa de hielo.

El pie puede también sumergirse en un recipiente con agua a la que se le hayan añadido cubitos de hielo.

sa observación de la inflamación y de la temperatura, y la consiguiente interrupción de cualquier actividad que pudiera ocasionarla, es el mejor camino para resolver este problema. El descanso, junto a las bolsas de hielo o las toallas frías son la mejor forma de tratamiento.

DEPORTES

5

6

DOLORES ARTICULARES

Al pasar cada página de este libro usted ha utilizado unas veinte articulaciones de los dedos, la muñeca y el codo. Cada movimiento del cuerpo implica al menos a una articulación. Utilizamos constantemente nuestras articulaciones, y las sometemos a un estrés mecánico constante. La rodilla, por ejemplo, soporta más o menos 1,75 kg. por cm^2 de presión mientras permanecemos de pie. Es aproximadamente la misma presión que aguanta un neumático de coche. Esta presión se ve doblada durante un paseo y cuadruplicada durante una carrera.

La mayor parte de las articulaciones están conectadas a dos huesos, y se dan varios tipos distintos de articulación en el cuerpo. Un diente en su alveolo es un tipo de articulación, denominada articulación fija. El grupo principal de articulaciones, y una de las más susceptibles de desgaste cuenta con una cubierta membranosa llamada membrana sinovial, que forma una cápsula alrededor de la articulación. Se denominan articulaciones sinoviales. El extremo de cada hueso se recubre con un forro llamado cartílago hialino que previene la

fricción entre los dos huesos, ayudado por un espeso fluido liberado por la membrana sinovial. Como resultado del exceso de uso, y como un aspecto más del paso de los años, el cartílago hialino puede gastarse. Esto conduce a varios tipos de complicaciones, pero fundamentalmente a dolor e inflamación. «Artritis» quiere decir inflamación de una articulación. La ósteoartritis se refiere a una inflamación que es sobre todo consecuencia del desgaste, y es frecuente que se desarrolle en edades avanzadas, en las articulaciones que han de soportar peso, como la rodilla, la cadera y la espina dorsal. Los conocidos «crujidos», audibles con frecuencia durante los movimientos de la articulación de la rodilla, se deben al desgaste producido bajo la superficie de la rótula, una enfermedad conocida como *chondromalacia patella*.

La artritis reumatoide hace referencia a una enfermedad más seria que afecta no sólo al cartílago y a la membrana sinovial que rodea las articulaciones, sino también a otros tejidos del organismo. Sucede con frecuencia en las articulaciones más pequeñas, como las de las manos y los pies, pero también puede afectar a otras mayores como las de la rodilla. El tratamiento de cualquier forma de artritis requiere la atención de un médico o la de otros profesionales complementarios. Pero usted puede contribuir a reducir algo la inflamación y el dolor mediante un masaje ligero, bolsas frías y aceites esenciales.

PRECAUCIONES

No resulta aconsejable aplicar masaje cuando se dan ciertas enfermedades o sobre de-

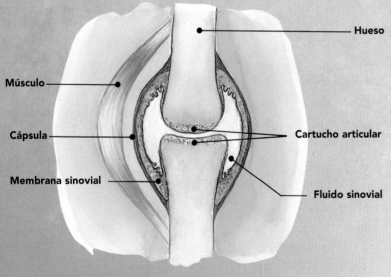

Músculo

Cápsula

Membrana sinovial

Hueso

Cartucho articular

Fluido sinovial

Este diagrama muestra gráficamente la estructura de una articulación sinovial. La membrana sinovial recubre el interior de los ligamentos articulares (cápsula) y también la parte del hueso que forma la articulación. El cartílago articular

(hialino) cubre las superficies de los huesos, formando la articulación y previniendo que los huesos rocen unos contra otros. Los tendones atraviesan la articulación, que se mueve cuando se contraen los músculos.

terminadas zonas del cuerpo. En su lugar, procúrese un tratamiento aplicado por un profesional cualificado. Tales enfermedades incluyen las siguientes: osteoporosis, espondilosis en las vértebras cervicales (cuello), cáncer articular, allí donde se presenta un excesivo calor en una articulación, cuando se da exceso de fluido en una articulación.

En cualquier punto donde se da una inflamación hay fluidos. Su función es aportar células a la zona para erradicar una infección o reconstruir tejidos dañados. Aunque se trata de un proceso muy eficiente, un exceso de fluidos puede quedar retenido, como una complicación adicional de la propia enfermedad o como síntoma de que el organismo está sobreactivando sus funciones de autoprotección. Otro factor pudiera ser una disfunción del sistema de drenaje del exceso de fluidos. Cualquiera que fuere la razón, el exceso de fluidos provoca inflamación, lo que incrementa la presión en los tejidos, irrita las terminaciones nerviosas y provoca dolor.

COMPRESAS FRÍAS

Los métodos para reducir las inflamaciones o el edema son muy eficaces. Uno de ellos es la aplicación de compresas frías. Se sumerge una toalla en un recipiente con agua, escurriéndola para eliminar cualquier exceso, y se aplica sobre la zona inflamada durante diez o quince minutos. Cuando se calienta puede humedecerse de nuevo. El proceso se repite varias ve-

ces durante una sesión. Una compresa fría es muy beneficiosa durante un proceso inflamatorio cuando también presenta calor, pudiéndose aplicar cuantas veces sea necesario. Si, no obstante, la presencia de exceso de fluido se debe a una enfermedad seria, las compresas no deben ser utilizadas como sustitutivo de un tratamiento más intensivo.

Podemos añadir al agua en la que la toalla vaya a ser sumergida unas cuantas gotas de aceites esenciales para potenciar su efecto. Déjelas caer con suavidad de forma que queden flotando suavemente sobre la superficie y, con cuidado, tómalas con la toalla cuando la saque del recipiente. La elección de los aceites estará en función del efecto que se persiga. El cuadro adjunto puede servirle de guía. La mezcla de uno o dos aceites puede potenciar el valor terapéutico de su aplicación.

COMPRESAS CALIENTES

Hablando en términos generales, una compresa fría tiene el efecto de eliminar el exceso de fluidos en una zona determinada, mientras que las calientes tienen el efecto contrario, de modo que se aplican para incrementar la circulación, y de paso el calor, sobre determinadas zonas, como las articulaciones. Las articulaciones que padecen osteoartritis pueden beneficiarse considerablemente de un incremento del suministro de sangre. La mejora de la circulación aporta nutrientes a los tejidos dañados y reduce las toxinas que pudieran

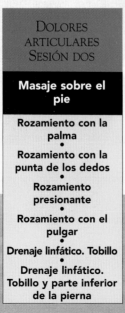

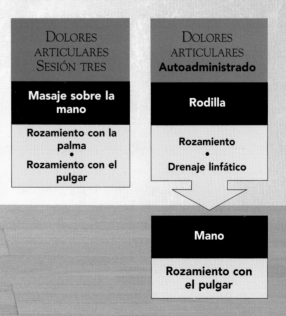

DOLORES ARTICULARES SESIÓN UNO	DOLORES ARTICULARES SESIÓN DOS	DOLORES ARTICULARES SESIÓN TRES	DOLORES ARTICULARES Autoadministrado
Masaje sobre la rodilla	**Masaje sobre el pie**	**Masaje sobre la mano**	**Rodilla**
Rozamiento • Drenaje linfático	Rozamiento con la palma • Rozamiento con la punta de los dedos • Rozamiento presionante • Rozamiento con el pulgar • Drenaje linfático. Tobillo • Drenaje linfático. Tobillo y parte inferior de la pierna	Rozamiento con la palma • Rozamiento con el pulgar	Rozamiento • Drenaje linfático

Mano

Rozamiento con el pulgar

ACEITES ESENCIALES

* * * * * * * * * * * * * * * * * * * *

Para reducir la inflamación
Lavanda • Camomila • Mirra

Para desintoxicar
**Ciprés • Hinojo • Enebro
• Limón**

Para reducir el dolor
Camomila • Romero • Lavanda

Para estimular la circulación local
**Pimienta negra • Jengibre
• Mejorana**

fría y el otro agua caliente, aunque no demasiado. Sumerja las manos o los pies en un recipiente durante un minuto y luego en el otro durante el mismo periodo de tiempo. Repita el proceso a lo largo de diez minutos acabando siempre con el agua fría. Del mismo modo que con las compresas, esta técnica no debe ser utilizada si se da inflamación o calor, pero resulta muy beneficiosa en los demás casos. Los aceites esenciales pueden ser utilizados en el agua o frotándolos.

EL MASAJE

El rozamiento es quizá la técnica más apropiada para masajear las articulaciones. Un rozamiento digital muy ligero se puede utilizar en algunas áreas, y excepcionalmente con una presión muy suave adaptada a la respuesta del receptor. Es mejor abandonar el masaje si la más ligera presión provoca dolor.

agravar la enfermedad. El calor, en forma de baños calientes, o de compresas, constituye una vía para la consecución de estos fines. La aplicación es parecida a la de las compresas frías, con el agua caliente, aunque no demasiado. Resulta generalmente seguro aplicar esta técnica varias veces, pero las compresas calientes no deben ser utilizadas sobre zonas que presenten calor o inflamación.

Los aceites esenciales pueden ser utilizados mezclados en el agua del mismo modo que en las compresas frías. Escoja un aceite para la desintoxicación o para la circulación o para ambas. Utilice como guía el cuadro anexo.

BAÑOS DE CONTRASTE

Los baños de contraste son un modo muy práctico de estimular la circulación en las articulaciones de los pies y de las manos. Se usan dos recipientes, uno conteniendo agua

LA RODILLA

. . . .

La articulación de la rodilla es muy susceptible de padecer dolores derivados de los cambios artríticos, las bursitis, etc. Además de las compresas calientes o frías descritas con anterioridad, la zona resultaría beneficiada con la aplicación de la siguiente técnica de masaje.

. . . .

ROZAMIENTO -
PARA INCREMENTAR LA CIRCULACIÓN

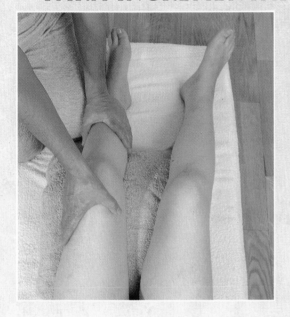
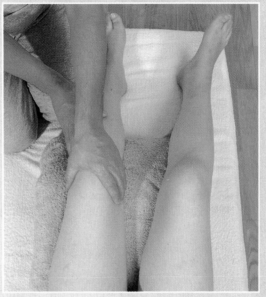

Aplique rozamiento sobre la rodilla para estimular la circulación de la articulación. Provoca un efecto muy cálido y agradable. Este movimiento debe darse con un ritmo constante pero no demasiado rápido. No aplique esta técnica cuando la zona esté excesivamente dolorida o muy caliente.

1 El receptor descansa acostado boca arriba. Sitúe un cojín debajo de la rodilla (o bajo ambas rodillas si resulta más cómodo). Comience con una mano puesta inmediatamente debajo la rodilla, con los dedos apoyados a un lado y el pulgar al otro. Aplicar rozamiento sobre la rodilla, dejando que la mano se adapte a la forma de la rodilla y desplazándola hacia la parte inferior del muslo.

2 Repita el mismo movimiento con la otra mano, comenzando justo debajo de la rodilla. Repita el rozamiento varias veces con ambas manos, alternando. A cada rato, repita el movimiento varias veces utilizando sólo una mano.

ROZAMIENTO AUTOADMINISTRADO - PARA INCREMENTAR LA CIRCULACIÓN

La misma técnica de rozamiento puede aplicarse como automasaje. Si resulta más cómodo, adapte el movimiento de forma que en lugar de las dos manos se utilice sólo una.

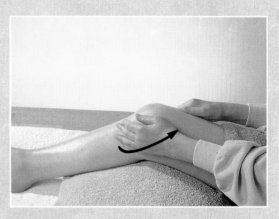

1 Puede aplicarse la misma técnica como un automasaje. Sentado sobre el suelo o sobre una silla, con una mano situada en la parte superior del muslo justo encima de la rodilla. La segunda mano se sitúa sobre el lateral. La mano de arriba comienza el movimiento desplazándose sobre la rodilla hacia abajo, en dirección al pie.

2 Una vez que ha pasado por la rodilla desciende hacia el lateral para después subir de nuevo al muslo para completar el círculo.

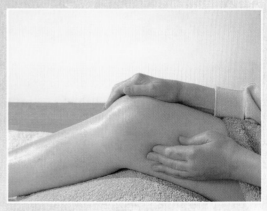

3 La segunda mano sigue el movimiento de la primera y se desplaza desde el lateral de la rodilla al frontal del muslo.

4 Desde aquí se mueve hacia abajo desde la rodilla hacia el lateral y completa el círculo cuando regresa a la parte frontal del muslo. De esta forma las manos siguen una a la otra y cada una de ellas completa un círculo cuando aplica rozamiento alrededor de la rodilla.

ROZAMIENTO DE DRENAJE LINFÁTICO - PARA REDUCIR EDEMAS

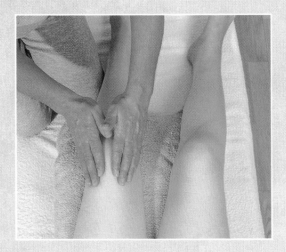

1 Sitúe los dedos planos de cada mano próximos los unos de los otros justo encima de la rodilla. Mantenga una presión ligera, aplicando rozamiento hacia arriba en dirección al tope del muslo. Cuando alcance la mitad del mismo, vuelva a la rodilla y repita el movimiento varias veces. Lleva alrededor de ocho segundos completar cada movimiento.

2 Sitúe una mano sobre el lado interior y la otra sobre el lado externo de la rodilla y repita el movimiento de rozamiento. Desplácelas hasta la mitad del muslo, levante después con cuidado las manos, y regrese a la primera posición. Repita el movimiento varias veces.

Este rozamiento es muy lento y requiere solamente el propio peso de las manos como toda presión, casi como si notase la textura de un material delicado como el terciopelo. El movimiento ha de repetirse diez o veinte veces para conseguir el efecto deseado de drenar los fluidos. Aquí se describen varios movimientos para el tratamiento de la zona de la rodilla, cada uno desplazando fluidos hacia arriba, en dirección a los ganglios inguinales (estaciones de filtrado en la ingle), en la parte final del muslo. Para dar una idea aproximada de la velocidad, la aplicación del movimiento de rozamiento desde debajo de la rodilla hasta la mitad del muslo (como en el paso 2) lleva alrededor de seis segundos.

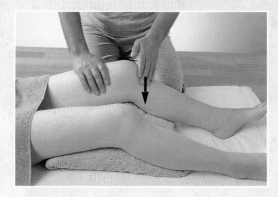

3 Sitúe una mano atravesando la parte frontal de la rodilla justo detrás de la rótula, con los dedos apuntando al lado interno de la rodilla. Aplique rozamiento con una mano (un movimiento muy corto y ligero) desde el centro hacia la parte de atrás de la rodilla. Así se siguen los canales de drenaje de fluidos en esa zona. La otra mano reposa suavemente sobre el muslo, pero no se utiliza.

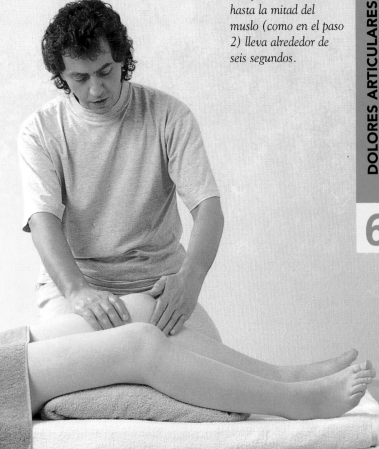

DRENAJE LINFÁTICO AUTOADMINISTRADO
ROZAMIENTO

Es similar al rozamiento para estimular la circulación, pero se administra con una presión muy leve. Como con el rozamiento expuesto con anterioridad, puede ser modificado de modo que se utilice una mano en lugar de las dos, particularmente en el caso de que padezca artritis en las manos.

1 Para ayudar con el drenaje de fluidos, levante un poco su pierna, apoyándola sobre un cojín. Aplique rozamiento con las dos manos, muy próximas la una a la otra. Comience desde debajo de la rodilla y trabaje hacia arriba hasta que alcance la mitad del muslo.

2 Vuelva a poner las manos debajo de la rodilla y repita el movimiento. Modifique la posición de las manos a cada repetición, de modo que el conjunto de la zona alrededor de la rodilla quede cubierta. Siga las mismas líneas sobre presión y rapidez que para el masaje administrado por otro.

EL PIE

Cuando administramos un masaje sobre el pie hemos de cuidar no aplicar demasiada presión muy rápidamente. Se trata de evitar causar algún dolor si se presentan alteraciones artríticas.

ROZAMIENTO CON LA PALMA - PARA INCREMENTAR LA CIRCULACIÓN

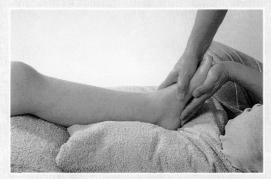
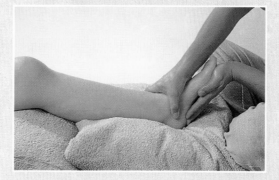

1 El receptor descansa boca arriba con un cojín bajo las dos rodillas y otro bajo el pie que va a ser masajeado. Sostenga el pie con una mano en la planta y la otra sobre el empeine.

2 Aplicar rozamiento sobre el empeine desde los dedos de los pies hacia el tobillo. Aplique una pequeña presión y deje a la mano adaptarse a la forma del pie. Abarcar la máxima superficie posible en cada movimiento.

Estas técnicas de rozamiento pueden utilizarse para tratar la mala circulación. Son útiles para la mayoría de la gente, particularmente si las personas están mucho tiempo inactivas por causa de enfermedad u otra alteración de la salud.

ROZAMIENTO CON LAS PUNTAS DE LOS DEDOS - PARA ESTIMULAR LA CIRCULACIÓN

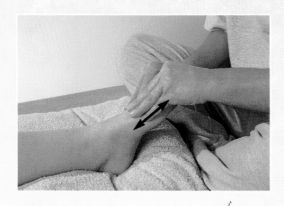
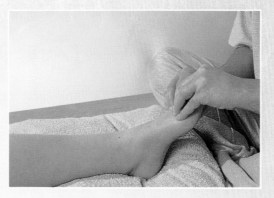

1 Sitúe las puntas de los dedos de las dos manos sobre el empeine, con los pulgares debajo. El movimiento se aplica mediante el desplazamiento de las puntas de los dedos hacia el tobillo, y regresando de nuevo hacia las puntas de los pies. Ajuste la presión de acuerdo a la estructura ósea y la comodidad del receptor.

2 Desplace los dedos hacia una nueva posición a lo largo del empeine si es preciso para abarcar el conjunto de la zona.

Otra variante de rozamiento se da mediante el desplazamiento de las puntas de los dedos atrás y adelante sobre el empeine. Este movimiento se repite varias veces antes de desplazar los dedos hacia otra posición.

DOLORES ARTICULARES

6

ROZAMIENTO CON PRESIÓN - PARA ESTIMULAR LA CIRCULACIÓN

Esta técnica es muy buena para estimular el flujo circulatorio hacia los dedos de los pies. Repita el movimiento varias veces con un ritmo constante.

1 Con una mano levante y sostenga el pie por el tobillo. Sitúe los dedos de la segunda mano alrededor del empeine con el pulgar en la planta del pie. Comenzando por el talón, efectúe rozamiento hacia los dedos del pie mientras aprieta moderadamente éste con los dedos y el pulgar.

2 Vaya hasta los dedos del pie, reduciendo la presión si se considera preciso, y regrese al talón para repetir el movimiento.

ROZAMIENTO CON EL PULGAR - LOS DEDOS DE LOS PIES

Manipule con cuidado los dedos de los pies, porque son puntos muy sensibles para ciertas personas. Además del masaje, puede intentar mover los dedos para soltar las articulaciones.

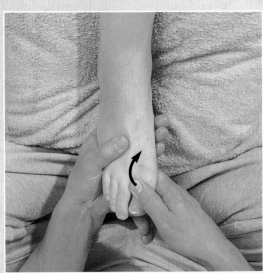

1 El pulgar se utiliza para aplicar rozamiento sobre la parte superior de cada dedo mientras el índice actúa como soporte debajo. El movimiento se aplica únicamente con el pulgar, en una dirección circular o con un movimiento de atrás a adelante.

2 Cambie la posición del pulgar si resulta preciso para abarcar toda la extensión del dedo. Repita varias veces y trate todos los dedos.

ROZAMIENTO DE DRENAJE LINFÁTICO - PARA REDUCIR EL EDEMA DEL TOBILLO

1 El receptor está acostado boca arriba con el pie levantado sobre un cojín. Una mano está sobre la parte interior y la otra sobre el exterior del tobillo.

2 Aplicar rozamiento suave sobre el interior y el exterior de los huesos del tobillo, y hacia arriba en dirección a la rodilla. A la mitad del recorrido, en las pantorrillas, o en la misma rodilla, si usted la puede alcanzar confortablemente, levante las manos y póngalas de nuevo en la posición original. Repita varias veces.

La presencia de fluidos alrededor del tobillo es una señal de mala circulación, o de inflamación, o de ambas cosas. El masaje de drenaje linfático contribuye a reducir el edema, pero no debe administrarse si se presenta dolor o una temperatura excesiva. También pueden utilizarse toallas frías para reducir la inflamación y los fluidos.

ROZAMIENTO DE DRENAJE LINFÁTICO - PARTE INFERIOR DE LA PIERNA Y TOBILLO

2 Cuando llegue a la rodilla, o justo debajo, vuelva a poner las manos en la posición inicial para repetir el movimiento.

1 El receptor está tumbado boca abajo y el rozamiento comienza en el tobillo y prosigue hacia las corvas. Si la pierna reposa sobre un cojín mejorará el drenaje linfático.

Esta técnica puede ser utilizada como complemento a la anterior o como sustitutiva de la misma.

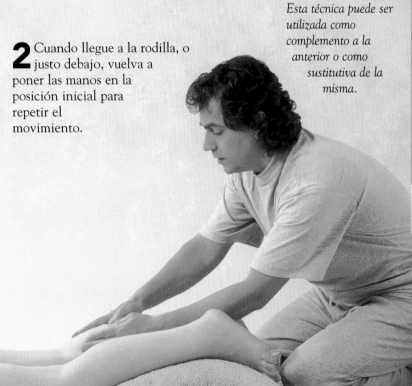

LA MANO

Las manos pueden responder de forma muy sensible cuando se trabaja sobre ellas, así que comience suavemente los movimientos y adapte la presión de acuerdo a las sensaciones del receptor.

ROZAMIENTO CON LA PALMA

Un receptor que no se encuentre cómodo acostado boca abajo, puede preferir sentarse en una silla. Las técnicas pueden adaptarse fácilmente si el receptor está sobre el suelo.

1 La mano del receptor reposa sobre su palma. Con su otra mano aplica rozamiento sobre ella, comenzando por los dedos y desplazándose hasta la muñeca. Prosiga por el antebrazo hasta tan lejos como le resulte cómodo. Haga volver la mano hasta la posición inicial y repita el movimiento.

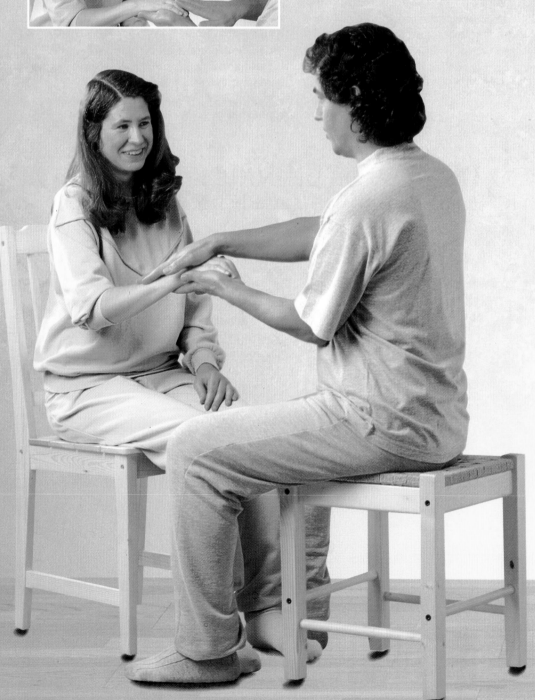

ROZAMIENTO DE PULGAR

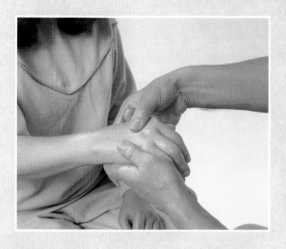

Masajee los dedos para estimular la circulación. Puede también mover cada uno de los dedos de forma que se suelten las articulaciones mientras les da masaje, hasta el punto en el que comience a resultar doloroso para el receptor.

1 Sostenga la mano mientras masajea el dorso de la misma con los pulgares. Desplace en pequeños círculos los pulgares en una acción de detrás hacia adelante. Utilice el mismo movimiento para la parte anterior y posterior de la muñeca.

2 Prosiga la acción dedos abajo. Aplique rozamiento a cada dedo, utilizando el pulgar para llevar a cabo el movimiento con el primer dedo como soporte.

3 De la misma forma, los dos pulgares se utilizan para aplicar rozamiento a la palma de la mano.

ROZAMIENTO CON EL PULGAR AUTOADMINISTRADO

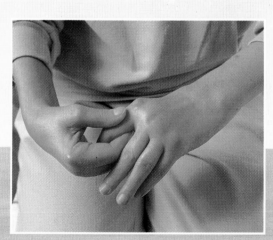

1 Utilice el pulgar de una mano para aplicar rozamiento a los dedos, al dorso y a la palma de la mano, tal y como se describe más arriba. Ajuste la posición de la mano que se masajea, la extensión del movimiento y la presión, de acuerdo con sus necesidades.

El masaje con el pulgar puede ser utilizado sobre la mano como una técnica de automasaje. Si le resulta incómodo, utilice la mano o los otros dedos.

EMBARAZO

El masaje durante el embarazo tiene varias aplicaciones, a condición de que se lleve a cabo con cuidado. Como los tres primeros meses son cruciales, resulta aconsejable, como medida de precaución, no masajear el abdomen durante este periodo, y no usar determinados aceites esenciales (ver cuadro inferior). Con tal que se tenga en cuenta esta advertencia, el masaje mientras dura el embarazo será muy beneficioso.

Ganglio submandibular

Ganglio cervical

Conducto linfático derecho

Vena derecha subclaviana

Timo

Vaso linfático

Ganglio intestinal

Intestino grueso

Apéndice

Vena yugular interna

Vena subclaviana izquierda

Ganglio axilar

Conducto torácico

Bazo

Intestino delgado

Glándula ilíaca

Ganglio inguinal

Vaso linfático

La zona que más probablemente precise atención es la región lumbar. Como los músculos de esta zona se usan para equilibrar la carga extra de la parte frontal del cuerpo, lo más probable es que estén contraídos y tensos, dando lugar a molestias o dolor de espalda. El masaje contribuye a reducir los espasmos musculares y a disminuir cualquier congestión en los tejidos.

El masaje aporta también una forma agradable de mantener la piel humedecida y sua-

El sistema linfático se compone de vasos que drenan fluido de la piel, de los tejidos superficiales y de órganos tales como el intestino grueso y el bazo. La linfa es filtrada al pasar por los ganglios linfáticos y finalmente drena en dos canales principales, el conducto linfático derecho y el conducto torácico izquierdo. Estos a su vez vierten en las venas subclavianas izquierda y derecha, mezclándose así con la sangre para ser bombeada de nuevo por el corazón.

ACEITES DE MASAJE PARA EL EMBARAZO

Utilícelos con moderación durante el embarazo
Camomila • Lavanda • Limón • Hierba de limón • Petitgrain

Para prevenir estrías
Azahar • Mandarina

*Los siguientes aceites **no deben** ser utilizados durante los primeros 3-4 meses de embarazo.*
Anisado • Abrótano • Árnica • Albahaca. Sclarea • Ciprés • Hinojo • Geranio • Hisopo • Jazmín • Enebro • Mejorana • Melisa • Mirra • Orégano • Hierbabuena • Menta • Rosa • Romero • Salvia • Tomillo • Gaulteria

ve. Algunos aceites esenciales, así como la mayoría de las cremas comerciales disponibles, pueden ser usadas con garantías para este fin. La circulación de las piernas puede verse perjudicada durante el embarazo a causa de la compresión de algunos vasos sanguíneos de la zona pélvica. Las técnicas de masaje contribuyen a estimular la circulación y pueden ser aplicadas con la receptora cómodamente recostada sobre su espalda, o bien de lado. Los beneficios estimulantes y relajantes del masaje se pueden disfrutar durante el embarazo y, en algunos casos, para resistir el trabajo.

Algunas de las técnicas de masaje mostradas en esta sección se aplican con la ayuda de una cama o banco de masaje. Puede utilizarse también una mesa grande, pero los movimientos se llevan a cabo mejor en el suelo. La receptora estará probablemente más cómoda echada sobre su costado con cojines de apoyo si fuese necesario. Algunas técnicas se muestran con la receptora sentada en un taburete.

ACEITES DE MASAJE

Durante el embarazo son más las esencias que no deben usarse que las que no plantean problemas. Algunos aceites esenciales pueden resultar ligeramente tóxicos, otros son descritos como estimuladores del flujo menstrual, lo que significa que tienden a prolongar la menstruación y por ello deben evitarse para protegerse contra cualquier riesgo de aborto. Algunos aceites pueden utilizarse con moderación, como la camomila y la lavanda, aunque éstos también son estimuladores del flujo menstrual, de modo que debe evitarse su uso en los primeros meses para eliminar el mínimo riesgo de aborto. Aunque la lista de aceites de masaje que no deben usarse es bastante larga, algunos de los aceites cítricos como el limón, la hierba de limón y la mandarina pueden ser utilizados con precaución. Para evitar cualquier riesgo, el masaje durante las primeras etapas del embarazo se debe dar con un aceite vegetal como pueda ser el de almendras.

DURANTE EL EMBARAZO SESIÓN UNO

Masaje sobre la espalda/Tumbada de lado
Rozamiento con la palma
•
Rozamiento con el pulgar
•
Drenaje linfático

Masaje sobre la espalda/Sentada
Rozamiento con la palma
•
Rozamiento con la base de la mano
•
Rozamiento con el pulgar
•
Drenaje linfático

Masaje sobre el abdomen
Rozamiento con la palma
•
Drenaje linfático

Masaje sobre las piernas
Rozamiento con la palma
•
Drenaje linfático

DESPUÉS DEL PARTO SESIÓN DOS

Masaje sobre la parte frontal de la pierna
Rozamiento con la palma
•
Rozamiento entrecruzado
•
Amasamiento
•
Movimientos percusivos
•
Drenaje linfático - Muslo
•
Drenaje linfático - Rodilla
•
Drenaje linfático - Tobillo

Masaje sobre la parte posterior de la pierna
Rozamiento con la palma
•
Rozamiento entrecruzado
•
Amasamiento
•
Movimientos percusivos
•
Drenaje linfático - Muslo
•
Drenaje linfático - Tobillo

Masaje sobre la espalda
Rozamiento con la palma
•
Rozamiento entrecruzado
•
Amasamiento
•
Movimientos percusivos
•
Drenaje linfático

Masaje sobre el abdomen
Rozamiento con la palma
•
Amasamiento
•
Drenaje linfático

SESIÓN AUTO-ADMINISTRADA

Embarazo
Abdomen
•
Rozamiento

A continuación del parto
Abdomen
•
Amasamiento
•
Amasamiento de muslo
•
Movimientos percusivos

LA ESPALDA

· ·

La espalda es probablemente la zona que más masaje necesita durante el embarazo, para reducir el agarrotamiento muscular y mejorar la circulación. Asegúrese de que la espalda está derecha mientras le aplica estas técnicas.

· ·

ROZAMIENTO CON LA PALMA

El rozamiento se utiliza para la relajación general, para mejorar la circulación y para soltar la rigidez muscular. En estas técnicas, como en todas las demás, tenga cuidado de ajustar la presión de acuerdo a la respuesta de la receptora. El ritmo es bastante lento.

1 Aplicar rozamiento sobre la parte más alta de la espalda con una presión bastante ligera al principio, aunque se incrementa a cada movimiento.

2 El movimiento comienza en la base de la espina dorsal, terminando en la parte superior de la espalda a la altura de los hombros. Cuando se termina el tratamiento, ayude a la receptora a volverse sobre el otro lado y lleve a cabo el mismo procedimiento.

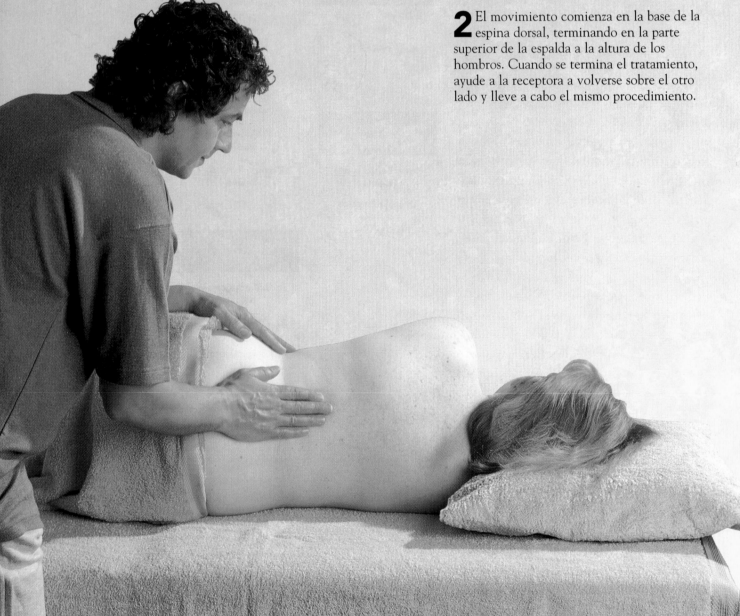

ROZAMIENTO CON EL PULGAR

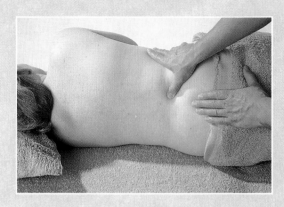 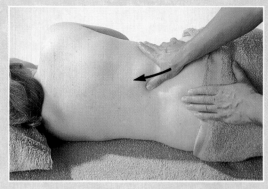

Siguiendo el rozamiento de palma puede trabajar sobre cualquier músculo rígido con el pulgar. Ponga especial atención a los músculos de la parte inferior de la espalda.

1 En la misma posición que en el caso del rozamiento con la palma, aplique rozamiento con el pulgar sobre los músculos de la parte superior, haciendo un recorrido junto a la columna vertebral. Sólo se utiliza una mano. El pulgar aplica la presión mientras se desplaza en un recorrido de unos 50 cm.

2 Trabaje sobre una zona concreta con una serie de movimientos de pulgar hasta que perciba que el músculo se suaviza. Luego traslade la mano a una posición nueva y repita. Trabaje a lo largo de la espalda tanto como le resulte confortable al receptor.

ROZAMIENTO DE DRENAJE LINFÁTICO

 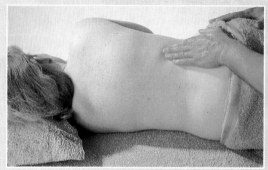

Durante el embarazo pueden tener lugar algunas retenciones de fluidos en la zona lumbar. En ese caso este masaje es muy beneficioso. Incluso si los tejidos están normales es bueno aplicar esta técnica para estimular la circulación general.

1 Mediante un rozamiento muy ligero, se drenan todas las retenciones de fluidos en la zona lumbar. Se puede utilizar una mano o las dos. Comience por el centro de la región lumbar.

2 Aplique un rozamiento muy suave alrededor de los huesos de la pelvis y sobre el costado del tronco hacia los ganglios inguinales.

3 Puede resultar más cómodo usar las dos manos si se trabaja sobre un banco de masaje. Si está trabajando sobre el suelo puede ser más fácil de aplicar un rozamiento con una sola mano.

4 Repita varias veces el movimiento, trabajando siempre en dirección de los ganglios inguinales.

ROZAMIENTO CON LA PALMA

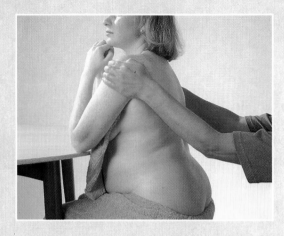

En esta posición, sentada, la espalda puede recibir rozamiento con ambas manos trabajando desde la base de la columna hacia arriba, incluyendo los hombros.

1 Éste es un movimiento de efectos muy sedantes y tonificadores, que puede repetirse varias veces. Sitúe las manos una a cada lado de la columna sobre la región lumbar con los dedos apuntando hacia la cabeza (ver abajo). Aplique una presión suave. Administre rozamiento hacia arriba en dirección a la cabeza manteniendo una presión constante.

2 Desplace las manos a la parte superior de la espalda, hombros y parte superior de los brazos, antes de moverlas hacia abajo, hacia la parte exterior del tronco y de la espalda, y de nuevo a la posición inicial para repetir el movimiento.

ROZAMIENTO CON LA BASE DE LA MANO

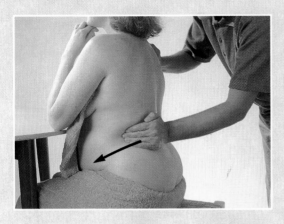

1 El rozamiento con la base de la mano se lleva a cabo junto a la columna vertebral en el lado más alejado de usted. Por consiguiente, usted ha de situarse a un lado de la receptora. Aplique presión con la base de la mano desplazándose a lo largo de las fibras musculares en dirección al lateral del tronco. El movimiento es corto, con la mayor parte de la presión sobre los grupos musculares junto a la espina dorsal. Relaje la presión cuando trabaje sobre la zona de los riñones.

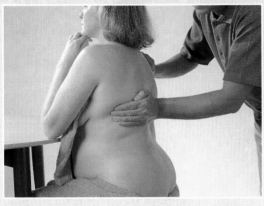

2 Aunque la región lumbar es quizá a la que mejor le sienta este masaje, puede aplicarlo a todo lo largo de los laterales de la columna.

3 Apunte con los dedos hacia el suelo para llevar a cabo el rozamiento con las palmas de las manos hacia abajo. Es un método muy bueno para relajar los músculos de la región lumbar. Trabaje simultáneamente sobre ambos lados de la columna.

ROZAMIENTO CON EL PULGAR

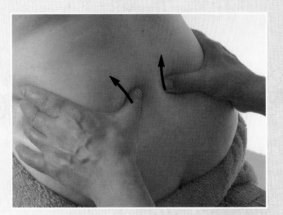

Del mismo modo que en el rozamiento con la base de la mano, los pulgares se usan para trabajar con más profundidad sobre los músculos.

1 Arrodíllese en el suelo para poner las manos una a cada lado de la espalda con los pulgares muy próximos a la columna. Aplique presión con los pulgares. Comience por el punto más alejado que usted pueda alcanzar cómodamente.

2 Cada uno de los pulgares se desliza unos centímetros mientras aplica la presión, repitiéndose el movimiento sobre la zona varias veces. El mismo movimiento se aplica luego más arriba en la espalda. Continúe con el movimiento hasta donde le resulte cómodo.

DRENAJE LINFÁTICO

La linfa en la región lumbar drena en dos direcciones y el rozamiento que aplicamos para contribuir a este drenaje sigue los mismos caminos. El primero se aplica desde el centro de la columna hacia el lateral del tronco y sobre los ganglios inguinales. El resto de los fluidos drena hacia la zona superior, en los hombros y hacia las axilas. Como cualquier otro movimiento de drenaje linfático, la presión es extremadamente ligera y el movimiento muy lento.

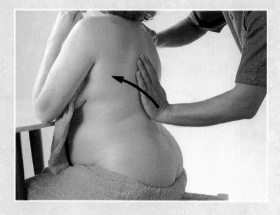

1 Para el drenaje de los ganglios inguinales permanezca de pie o sentado junto a la receptora y aplique rozamiento suavemente desde el centro de la columna hacia el exterior del tronco en el lado opuesto con la mano apuntando en la misma dirección o hacia la cabeza (ver abajo). Comience con la mano en la zona más hacia abajo, junto a las nalgas, para repetir de forma que toda la región reciba tratamiento. El fluido linfático tarda bastante en desplazarse, así que estos movimientos deben repetirse muchas veces. Permanezca de pie o sentado junto a la receptora para trabajar sobre el lado opuesto.

2 Para contribuir al drenaje de los ganglios axilares, aplicar rozamiento hacia arriba junto a la espina y en dirección a las axilas, trabajando el lateral de la columna que se encuentre más alejado de usted. No resulta necesario que la mano vaya directa a la zona de la axila, pero puede hacerse así, sobre todo si la receptora apoya los brazos sobre una mesa.

LAS PIERNAS

TÉCNICAS REPETIDAS

Técnica repetida

ROZAMIENTO CON LA PALMA - PARTE FRONTAL
DE LA PIERNA PARA ESTIMULAR LA CIRCULACIÓN
Ver página 72
•
Seguido por ROZAMIENTO DE DRENAJE LINFÁTICO-
LA PIERNA

Técnica repetida

ROZAMIENTO DE DRENAJE LINFÁTICO - LA PIERNA
Ver páginas 123, 124 y 127
•
Seguido por ROZAMIENTO CON LA PALMA -
ABDOMEN

EL ABDOMEN

La receptora permanece tumbada boca arriba

ROZAMIENTO CON LA PALMA

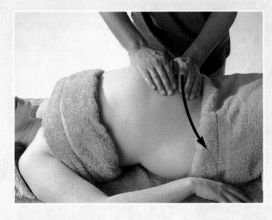

1 Póngase de pie junto a la receptora con las dos manos situadas muy próximas la una de la otra en el centro del abdomen. Aplique rozamiento desde el ombligo hacia los ganglios inguinales en el lado opuesto dando una presión suave, nunca pesada. Cuando este movimiento se emplea para el drenaje linfático, la presión se reduce al propio peso de la mano.

2 Sitúe las manos cerca la una de la otra en el centro del abdomen apuntando hacia el pecho. Mantenga contacto con la palma y los dedos, aplicando rozamiento hacia arriba, en dirección al pecho o al esternón. Siga las mismas instrucciones en cuanto a presión que en el movimiento anterior.

Se pueden dar cremas hidratantes y aceites utilizando el rozamiento con la palma. También se pueden drenar fluidos con esta técnica, aunque esto quizá sea más necesario en el periodo postparto. El rozamiento se aplica muy ligeramente y sigue las dos direcciones del flujo linfático: desde el ombligo hacia abajo en dirección a los ganglios inguinales y desde el ombligo hacia arriba en dirección al pecho.

EMBARAZO

7

ROZAMIENTO AUTOADMINISTRADO

Para autoadministrarse rozamiento con la palma quizás la mejor posición sea tumbada boca arriba. Utilice este movimiento para darse cremas y aceites.

1 Los dedos apuntan hacia el centro y el movimiento comienza en el ombligo. Siguiendo las mismas instrucciones en cuanto a presión y modo de aplicación que por el masaje dado por un masajista, aplique rozamiento desde el ombligo hacia los ganglios inguinales. En este caso, sin embargo, las manos comienzan en el centro pero separadas de modo que la mano derecha se desplaza hacia la zona derecha de la ingle y la izquierda hacia la zona izquierda.

2 Con las manos vueltas hacia el ombligo y los dedos apuntando los unos a los otros, aplique rozamiento hacia arriba, en dirección al pecho o al esternón. Es un movimiento bastante corto pero efectivo cuando se repite varias veces.

DESPUÉS DEL PARTO

En el periodo postparto, el masaje tiene una función muy significativa. Aplicado con regularidad, contribuye a estimular la circulación, reducir la retención de fluidos y tonificar los músculos y la piel.

ACEITES DE MASAJE PARA EL POSTPARTO

Para tonificar los músculos y la piel
**Pimienta negra • Enebro
• Romero**

Para reducir edemas
Geranio • Romero

Para estimular la circulación
**Limón • Camomila • Ciprés •
Pimienta negra • Enebro •
Mejorana**

Para la piel
Azahar • Incienso

PARTE FRONTAL DE LA PIERNA

Las técnicas que se exponen a continuación deben ser aplicadas con regularidad, incluso diariamente. Comenzar con una presión muy ligera en todas ellas durante la primera semana tras el embarazo e incrementar la presión durante las siguientes semanas.

ROZAMIENTO ENTRECRUZADO - MUSLO

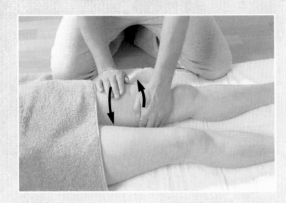

1 *Esta técnica va a continuación del rozamiento con la palma.* Sitúese al lado de la receptora. Ponga ambas manos sobre el muslo, una en el lado externo y otra en el interno con los dedos apuntando hacia afuera.

2 Las manos se desplazan a través de los músculos cruzándose la una con la otra (desplazándose alternativamente hacia el interior y el exterior del muslo). Repita este rozamiento entrecruzado a lo largo de todo el muslo.

Técnica repetida

ROZAMIENTO CON LA PALMA - PARA INCREMENTAR LA CIRCULACIÓN
Ver página 72

•

Seguido por
ROZAMIENTO ENTRECRUZADO - MUSLO

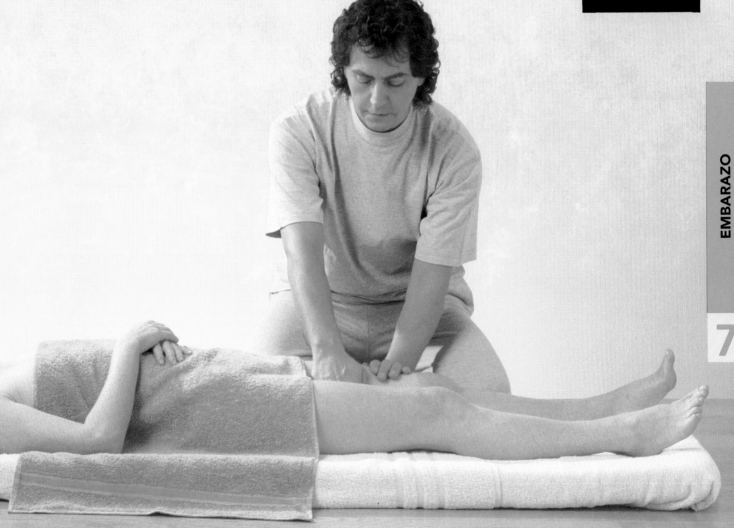

AMASAMIENTO · MÚSCULOS DEL MUSLO

El amasamiento levanta el grupo muscular desde el hueso subyacente mientras comprime el tejido muscular. Puede utilizar el pulgar en lugar de la base de la mano.

Técnica repetida

MOVIMIENTOS
PERCUSIVOS · MUSLO
Ver páginas 87-88
•
Seguido por
DRENAJE LINFÁTICO ·
MUSLO

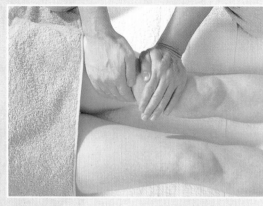

1 Comenzar con los dedos de una mano sobre el lado interno del muslo y la base de la otra mano sobre el externo. Aplique presión con las dos manos para comprimir y elevar el músculo. Simultáneamente, aplique un ligero retorcimiento de los tejidos. Prosiga la compresión dejando deslizar las manos la una contra la otra en el centro. Tenga cuidado de no pellizcar la piel. Reduzca la presión y suelte los músculos que abarcan sus manos.

2 Repita el movimiento con los dedos de cada mano comenzando alternativamente en el interior del muslo, y la base de la otra mano en el exterior. Abarcar toda la extensión del muslo.

1 Alternativamente, el mismo movimiento de compresión puede llevarse a cabo entre el pulgar de una mano contra los dedos de la otra.

2 Amasar el conjunto de la zona del muslo mediante la aplicación de compresión alternativa entre los dedos y el pulgar de cada una.

DRENAJE LINFÁTICO - MUSLO

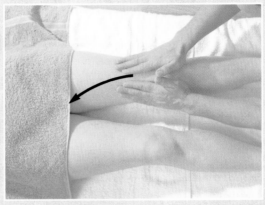

El flujo de fluido linfático en la pierna va desde el tobillo a los ganglios linfáticos de las corvas y después hacia el siguiente grupo de ganglios en la zona inguinal. El rozamiento que se usa para contribuir a este drenaje se lleva primero a cabo sobre el muslo para limpiar las vías de salida de fluidos. A continuación se realiza el drenaje de la rodilla y de la parte inferior de la pierna. El drenaje requiere rozamientos muy suaves y lentos, repetidos varias veces. **Nota:** Un exceso de fluido local puede requerir la asistencia de un profesional sanitario o de un terapeuta.

1 *Esta técnica va a continuación de los movimientos percusivos sobre el muslo.* El muslo se drena mediante el rozamiento previo de la parte externa y posteriormente la zona interna. Las manos trabajan muy cerca la una de la otra entrando en contacto con toda su superficie. Desplácelas lentamente desde la zona exterior hasta los ganglios inguinales, llevando aproximadamente ocho segundos desplazarse desde la parte inferior hasta la superior del muslo. Cuando alcance la zona inguinal vuelva a la posición original para repetir el movimiento.

2 Repita el movimiento varias veces más con las manos comenzando en el lado interno del muslo. Aplique rozamiento hacia la ingle como en el movimiento anterior.

DRENAJE LINFÁTICO - RODILLA

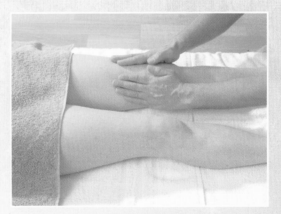

Roce con la palma y los dedos de ambas manos. Mantenga las manos relajadas, amoldándolas a la rodilla cuando se desplazan hacia arriba.

1 Sitúe una mano en la parte interior y otra en la exterior de la rodilla. Aplique rozamiento ligero, como en el movimiento previo, hacia la parte superior del muslo.

2 Continúe el movimiento hasta la mitad del muslo. Levante las manos suavemente y vuelva a la posición original para repetir el movimiento.

DRENAJE LINFÁTICO - PARTE INFERIOR DE LA PIERNA Y TOBILLO

Como en los demás movimientos de drenaje linfático, la presión es muy ligera. La sensación percibida cuando administra rozamiento hacia la rodilla debe ser más parecida a arrastrar las manos que a la aplicación de una verdadera presión. La utilización de un cojín contribuye al drenaje, aunque no resulta esencial.

1 La receptora está acostada sobre su espalda con el pie levantado sobre un cojín. Sitúe una mano en el interior y la otra en el exterior del tobillo, y aplique rozamiento desde el tobillo hasta la rodilla.

2 Justo antes de tomar la rodilla con las dos manos, desplácelas hacia el interior de la pierna para acabar el movimiento. Levante las manos y regrese a la posición inicial. Repita varias veces.

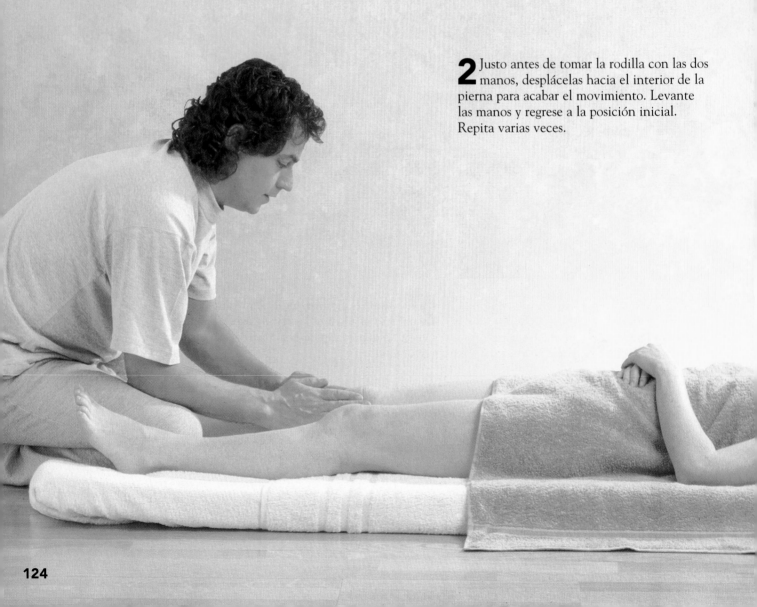

PARTE POSTERIOR DE LA PIERNA

Masajee la parte posterior de las piernas con la receptora tumbada boca abajo, y si es necesario, utilice una colchoneta como apoyo bajo el abdomen, pecho y pies.

ROZAMIENTO CON LA PALMA - PARA ESTIMULAR LA CIRCULACIÓN

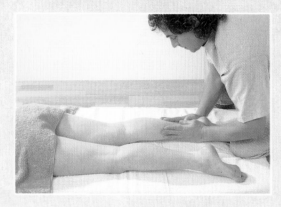 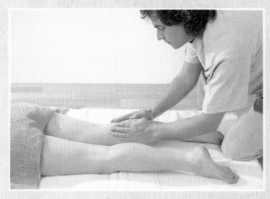

Técnica repetida

ROZAMIENTO
ENTRECRUZADO
Ver página 85

•

Seguida por
AMASAMIENTO -
MÚSCULOS DE LA
PANTORRILLA

1 Este movimiento representa un ciclo completo desde el tobillo hasta la parte superior del muslo. Aplique rozamiento hacia arriba con las manos muy próximas la una a la otra y ligeramente curvadas alrededor de la pierna. Añada una presión ligera al movimiento y apriete suavemente los tejidos con ambas manos.

2 Reduzca la presión y levante las manos un poco cuando atraviese las corvas.

3 Cuando las manos alcanzan la parte superior del muslo se separan, la una desplazándose por la parte interna y la otra por la externa. Con la presión eliminada por completo, deslice ambas manos hacia abajo por la pierna hasta el tobillo para repetir el movimiento.

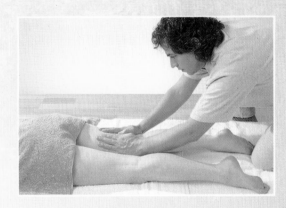

7

MÚSCULOS DE LA PANTORRILLA

Se lleva a cabo de la misma manera que sobre la parte posterior de los músculos del muslo (ver página 86), excepto que el pulgar se utiliza más que la base de la mano.

Técnica repetida
· · · · · ·
MOVIMIENTOS
PERCUSIVOS
Ver páginas 87-88
•
Seguido por
DRENAJE LINFÁTICO -
MUSLO

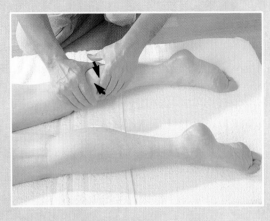

1 *Esta técnica va a continuación del rozamiento entrecruzado (página 125).* Comience situando los dedos de una mano sobre la parte interior de la pantorrilla y el pulgar de la otra sobre la parte externa (debe usarse la base de la mano en lugar del pulgar). Aplique una presión ligera con ambas manos y empiece a comprimir y levantar el músculo. Simultáneamente retuerza levemente los músculos.

2 Prosiga con la compresión, dejando deslizar las manos una hacia la otra en el centro. Tenga cuidado de no pellizcar la piel. Reduzca la presión y libere finalmente los músculos cogidos por la mano.

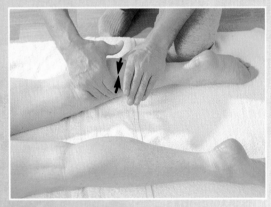

3 Repita el movimiento con los dedos de cada mano comenzando alternativamente en el interior de la pantorrilla, y el pulgar de la otra mano en el exterior. Cubra toda la extensión de la pantorrilla.

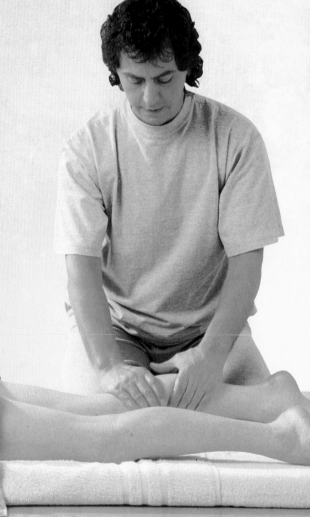

DRENAJE LINFÁTICO - MUSLO

Cuando trabaje sobre la parte posterior de las piernas evite cualquier presión sobre venas varicosas y si están muy mal, renuncie por completo el masaje.

1 *Esta técnica sigue a los movimientos percusivos.* Aplicar rozamiento comenzando por la parte exterior y desde la parte inferior del muslo justo encima de la rodilla. Desplazar las manos muy juntas hacia arriba y a través del muslo hacia la zona interna y los ganglios inguinales.

2 Habiendo atravesado el muslo, el movimiento finaliza con las manos muy juntas, pero no del todo, en el interior del muslo. Repita el movimiento varias veces. Cambie la posición de las manos, cuantas veces haga falta, para cubrir el conjunto del muslo.

DRENAJE LINFÁTICO - PARTE INFERIOR DE LA PIERNA Y TOBILLO

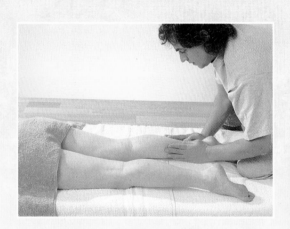

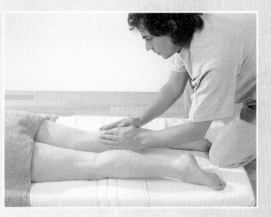

Use esta técnica como complemento al drenaje linfático que se llevó a cabo cuando la receptora estaba acostada boca arriba.

1 Haga descansar la parte inferior de la pierna sobre un cojín para mejorar el drenaje. Las manos se sitúan una en la parte interna y la otra en la externa del tobillo. Administre rozamiento desde el tobillo hasta las corvas.

2 A la altura de la rodilla o justo debajo de ella, vuelva a colocar las manos en la posición original para repetir el movimiento varias veces.

LA REGIÓN LUMBAR

Para masajear la región lumbar con la receptora tumbada boca abajo, será preciso poner una almohada bajo el abdomen, especialmente en el postparto.

AMASAMIENTO

Técnica repetida

ROZAMIENTO CON LA
PALMA - SOBRE LA
ZONA LUMBAR PARA
ESTIMULAR LA
CIRCULACIÓN
Ver página 33
•
Seguido por
ROZAMIENTO
ENTRECRUZADO -
SOBRE LA REGIÓN
LUMBAR

Los músculos de la región lumbar están situados entre las costillas inferiores y la parte superior del hueso pélvico, la cresta ilíaca. Estos músculos se extienden también desde la parte frontal del abdomen hasta la espina dorsal. Esta zona tiende a acumular en muchos casos una o dos prominentes capas de grasa. Administrar técnicas de amasamiento puede ser muy útil no sólo para estimular la circulación local, sino por su efecto tonificante. Para mejorar los resultados, esta técnica debe administrarse con frecuencia y durante varios minutos cada sesión.

1 *Esta técnica va a continuación del rozamiento entrecruzado.* Póngase de rodillas al lado de la receptora, poniendo las manos en el lado opuesto de la región lumbar para llevar a cabo el amasamiento. Comience con los dedos de una mano en la parte externa de la zona lumbar y el pulgar de la segunda mano sobre los músculos de la parte inferior de la espalda. Aquí, la presión debe ser aplicada con los dedos de la mano izquierda contra el pulgar de la mano derecha.

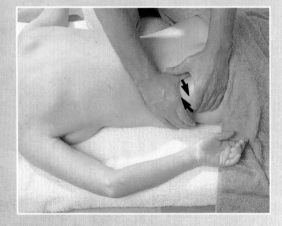

2 Eleve los tejidos con los dedos de una mano mientras aprieta suavemente hacia abajo con el pulgar de la otra.

Técnica repetida

ROZAMIENTO
ENTRECRUZADO
ver página 60
•
Seguida por
AMASAMIENTO

3 Después de apretar los tejidos, deslice las manos y relaje la presión.

4 Repita el movimiento varias veces con los dedos de cada mano comenzando alternativamente en la parte externa de la región lumbar. Aquí, la presión debe ser aplicada entre los dedos de la mano derecha contra el pulgar de la izquierda. Esta técnica de amasamiento puede aplicarse también sobre los músculos de las nalgas.

MOVIMIENTOS PERCUSIVOS: AHUECADO

1 Deje suspendidas las manos justo encima de la zona que vaya a ser trabajada. Ahueque las manos curvando la palma y los dedos, y apriete el conjunto de la mano como si fuera a coger una pelota de tenis (con la palma de la mano hacia abajo y sin cerrar los dedos). La mano ahuecada

golpea los tejidos, haciendo un sonido profundo, con el brazo curvado a la altura del codo.

2 Una mano golpea mientras la otra se eleva. Prosiga con este masaje durante varios minutos.

La aplicación de movimientos percusivos sobre la región lumbar contribuye a tonificar los tejidos, evitando las zonas delicadas como las costillas inferiores, los riñones y la columna vertebral. Se administran de forma simultánea la percusión con los meñiques y el ahuecado, pero con escasa presión añadida. Las nalgas se beneficiarán de estas técnicas, siendo la presión más fuerte sobre esta zona.

MOVIMIENTOS PERCUSIVOS: GOLPETEO DE MEÑIQUES

1 Mantenga las manos algo por encima de la zona a trabajar, con las palmas presentadas una frente a la otra y los dedos separados. Curve los laterales de las manos a partir de la muñeca para golpear los tejidos sólo con los dedos meñiques. No se requiere más peso que el de las propias manos. Asegúrese de que el lado externo de la palma de la mano no golpea los tejidos al estilo karate.

2 Eleve la mano que ha percutido mientras hace descender la otra. Mantenga las manos muy cerca una de la otra. Deben rebotar en el músculo, cuidando de no golpear como si fuera un manotazo. Prosiga con este golpeo alternativo a ritmo lento durante varios minutos. *Continúe con drenaje linfático.*

Técnica repetida

DRENAJE LINFÁTICO - REGIÓN LUMBAR
Ver página 149
•
Seguido por
ROZAMIENTO CIRCULAR DE PALMA - SOBRE EL ABDOMEN

EMBARAZO

7

EL ABDOMEN

· ·

Los músculos abdominales se despliegan en dos direcciones: un grupo tiene un recorrido vertical entre el esternón y el hueso púbico. El segundo tiene un recorrido diagonal desde la caja torácica hacia el centro y desde los huesos de la pelvis hasta el centro del abdomen. Durante el embarazo se estiran considerablemente, junto con la piel, y probablemente requerirán mucha tonificación durante algunas semanas tras el parto. Para complementar el ejercicio, que es el remedio más obvio, el masaje, especialmente alguna técnica tonificante como el amasamiento, puede ser utilizado con mucha eficacia.

· ·

AMASAMIENTO -
MÚSCULOS ABDOMINALES LATERALES

Trabaje sobre los músculos situados entre la parte inferior de la caja torácica y el borde superior de la cadera.

1 Esta técnica se aplica a continuación del rozamiento circular con la palma. Sitúese a un lado de la receptora y ponga las manos sobre el lado opuesto del abdomen. Ponga una mano sobre el contorno del abdomen hacia la espalda y la otra más hacia la parte frontal del mismo.

2 Use los dedos de una mano y el pulgar de la otra para elevar y apretar los tejidos. Mantenga el pulgar plano para no ejercer demasiada presión. Libere los tejidos tras un apretón ligero.

3 Prosiga deslizando las manos hacia las posiciones iniciales habiendo invertido y repetido el movimiento de elevación y presión. Repita el conjunto del movimiento varias veces.

Técnica repetida
· · ·
ROZAMIENTO
CIRCULAR CON LA
PALMA - PARA
ESTIMULAR LA
CIRCULACIÓN
Ver página 154
•
Seguido por
AMASAMIENTO -
MÚSCULOS
ABDOMINALES
LATERALES

AMASAMIENTO -
MÚSCULOS ABDOMINALES CENTRALES

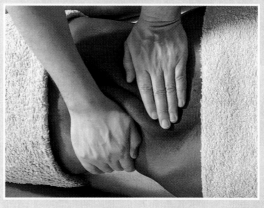

Para asegurarse de que los músculos abdominales están relajados, las manos de la receptora deben estar al lado de su cuerpo o sobre su pecho.

1 Coloque las manos una a cada lado del abdomen. Roce con la palma y los dedos. Aplique una presión ligera.

2 Desplace las manos hacia el centro para elevar ligeramente los músculos abdominales centrales. Adaptar la presión para permitir la elevación de los tejidos.

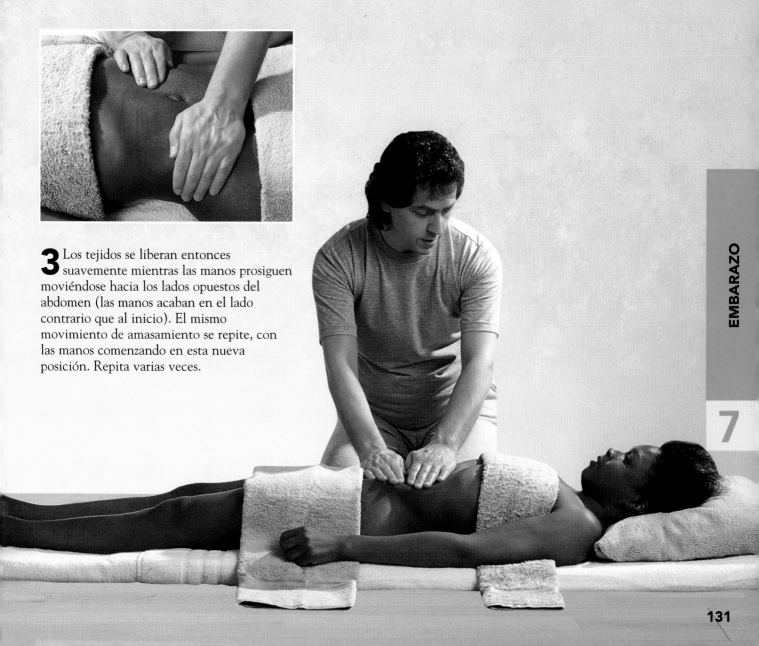

3 Los tejidos se liberan entonces suavemente mientras las manos prosiguen moviéndose hacia los lados opuestos del abdomen (las manos acaban en el lado contrario que al inicio). El mismo movimiento de amasamiento se repite, con las manos comenzando en esta nueva posición. Repita varias veces.

DRENAJE LINFÁTICO -
TEJIDOS ABDOMINALES

Esta técnica es muy parecida a la descrita en la página 119 para el drenaje linfático durante el embarazo. Se ejecuta un rozamiento muy ligero para ayudar al drenaje desde la altura del ombligo hacia la ingle, y desde la misma altura del ombligo, hacia el pecho. Como sucede con otras zonas del cuerpo, cualquier concentración excesiva de fluidos precisa la atención de un médico.

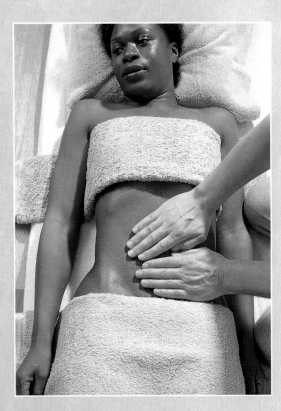

1 Póngase al lado de la receptora. Sitúe sus manos muy cerca la una de la otra en el centro del abdomen con los dedos apuntando hacia afuera. Aplicar rozamiento desde el ombligo hacia la ingle en el lado opuesto, utilizando una presión muy ligera (únicamente el peso de la mano). Cuando las manos llegan al lado más alejado de usted, levántelas y póngalas en la posición inicial. Repita varias veces.

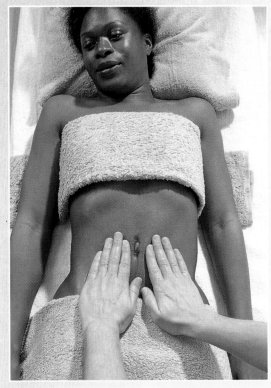

2 Sitúe las manos muy próximas la una de la otra en el centro del abdomen pero con los dedos apuntando hacia el pecho. Mantenga el contacto con toda la palma y los dedos, haciendo rozamiento hacia el pecho. Utilice el mismo tipo de presión que en el movimiento previo. Cuando llegue al pecho levante las manos y vuélvalas a colocar en la posición inicial para repetir varias veces el movimiento.

MASAJE AUTOADMINISTRADO

Las técnicas de masaje sobre el abdomen y el pecho pueden ejecutarse de forma autoadministrada, además de (o en lugar de) ser administradas por otra persona.

AMASAMIENTO - MÚSCULOS ABDOMINALES

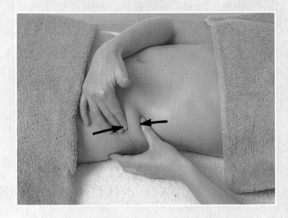

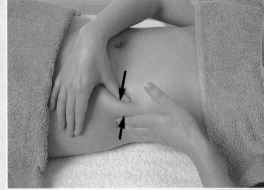

1 Colocar ambas manos muy juntas a un lado del abdomen para amasar los músculos externos. La técnica conlleva la elevación y la compresión de los tejidos entre los dedos de una mano y el pulgar de la otra. Tras la compresión de los tejidos se procede a soltarlos (igual que cuando el masaje lo administra otra persona)

2 Sitúe las manos de modo que se repita la elevación y la compresión. Prosiga durante algunos minutos. Aplique el mismo movimiento sobre el otro lado. Desplace las manos a la zona central y repita la técnica sobre los músculos abdominales centrales.

TÉCNICAS REPETIDAS

Técnica repetida

AMASAMIENTO
Ver página 152

Seguido por MOVIMIENTOS PERCUSIVOS

Técnica repetida

MOVIMIENTOS PERCUSIVOS
Ver página 153

Esto termina la secuencia

EMBARAZO

7

CAPÍTULO

8

**BEBÉS
Y NIÑOS**

MASAJE PARA
BEBÉS
Y NIÑOS

· ·

Aplicar un masaje a un niño mejora la circulación, potencia las funciones del organismo y, lo que es aún más importante, les aporta a usted y a su bebé algunos momentos muy gratificantes. Masajear a un niño no es distinto a hacerlo con un adulto. Los niños son susceptibles también de padecer tensión, dolores musculares y ansiedad, y los objetivos y beneficios de un masaje son, por consiguiente, los mismos. Las técnicas, a su vez, son muy similares, excepto que la presión se reduce hasta adaptarse al tamaño de los músculos.

Dar masaje a un niño probablemente es tan instintivo como amamantarlo. Resulta tan natural para la madre dar el masaje como para el niño recibirlo, aunque el padre también puede y debe compartir esta experiencia. Algunos movimientos se dan mejor con el niño en su regazo, otros con él o ella acostado sobre una mesa. Hay un gran número de variantes para los movimientos que se muestran en las siguientes páginas. Sugiero, por consiguiente, que además de las técnicas que se ilustran, utilice cualquiera que le resulte obvia y natural. Por ejemplo, aunque no se muestra aquí, puede masajear al bebé mientras lo sostiene en sus brazos.

ACEITES DE MASAJE

La lavanda y la camomila son los únicos dos aceites recomendables para bebés e incluso así, deben ser utilizados en cantidades muy pequeñas, no más de una o dos gotas a la vez. La lavanda, por ejemplo, ayuda a promover el sueño. Una simple gota es suficiente, puesta sobre un tela próxima, o sobre la sábana de la cuna, o sobre un pijama. De modo alternativo, puede añadirla al aceite de masaje. La camomila o la lavanda pueden usarse para masajear la barriguita del bebé en casos de cólico. Utilice una gota en una huevera llena de aceite vegetal caliente, de almendra o de soja. Use esta misma mezcla alrededor de la oreja para aliviar dolores de oído asociados a la dentición o a un enfria-

miento. Añada una gota o dos de camomila o lavanda en el baño del bebé para prevenir el sarpullido provocado por los pañales.

Los aceites esenciales pueden irritar los ojos, tanto de los adultos, como de los niños. Si pone alguna cantidad en un baño de niños, tenga cuidado de que sus dedos, o los del niño, no toquen los ojos después de haber estado en el agua.

MASAJE PARA NIÑOS

Algunos niños son demasiado impacientes como para recibir un masaje completo, pero aceptarían de buen grado un masaje de espalda y hombros mientras se sientan frente a usted en el suelo. Los músculos de las piernas y los pies se benefician tremendamente con un masaje sedante tras las correrías infantiles.

ACEITES DE MASAJE

Como en el caso de los niños, los aceites esenciales más comunes son el de camomila y el de lavanda. Se usan en dosis muy pequeñas, sólo alrededor de un dos por ciento de la mezcla con un aceite base vegetal.

BEBÉS **Sobre su regazo** SESIÓN UNO	BEBÉS **Sobre una mesa** SESIÓN DOS	NIÑOS **Sentado** SESIÓN UNO
Rozamiento circular sobre el abdomen • Rozamiento sobre el abdomen, pecho y brazos • Rozamiento sobre la parte frontal de la pierna • Rozamiento sobre la espalda • Rozamiento sobre el cuello • Rozamiento sobre la parte posterior de la pierna • Rozamiento con los dedos y el pulgar sobre la columna • Vibraciones ligeras - Espalda	Rozamiento -Abdomen, pecho y brazos • Rozamiento - Piernas • Rozamiento - Las dos piernas juntas • Rozamiento - Pie • Rozamiento - Mano • Rozamiento - Espalda	Rozamiento de palma. Cuello y hombros • Rozamiento con el pulgar - Músculos del hombro • Rozamiento con asimiento - Músculos del cuello

Tumbado

Rozamiento con la palma - Espalda
•
Rozamiento con la palma - Pierna
•
Rozamiento compresivo - Pies
•
Rozamiento con el pulgar - Planta del pie

Los juegos y las correrías de los niños pueden dar como resultado dolores musculares, magulladuras e incluso pequeñas lesiones. Los niños se beneficiarán de un masaje regular.

BEBÉS Y NIÑOS

8

135

MASAJEAR AL BEBÉ SOBRE EL REGAZO

Tumbe al bebé en su regazo, sosteniéndole con una mano. Utilice la otra mano para aplicar rozamiento en distintas direcciones. No se precisa aplicar ninguna presión con cualquiera de estas técnicas.

ROZAMIENTO CIRCULAR - ABDOMEN

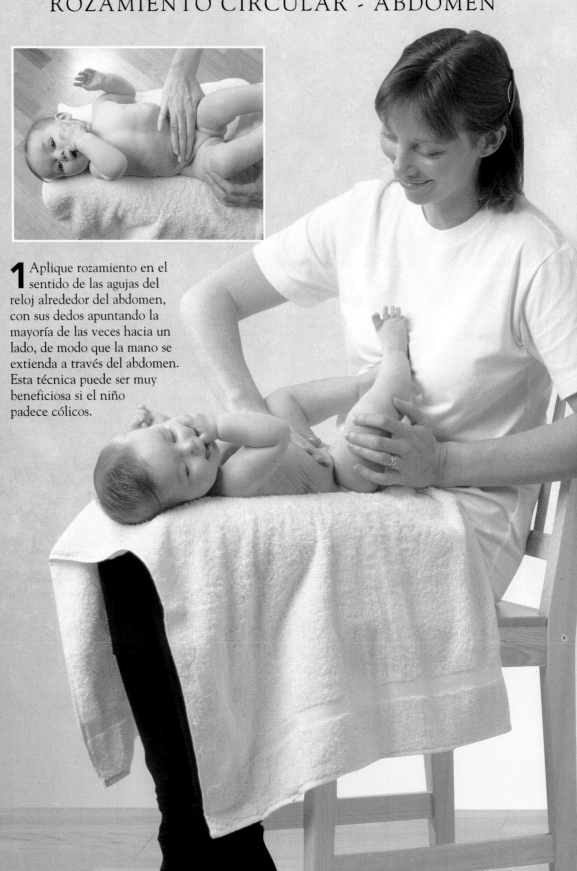

1 Aplique rozamiento en el sentido de las agujas del reloj alrededor del abdomen, con sus dedos apuntando la mayoría de las veces hacia un lado, de modo que la mano se extienda a través del abdomen. Esta técnica puede ser muy beneficiosa si el niño padece cólicos.

ROZAMIENTO -
ABDOMEN, PECHO Y BRAZOS

1 Ponga la mano sobre el abdomen con los dedos apuntando hacia afuera. Aplique rozamiento desde el abdomen hacia arriba, en dirección a la cabeza y hacia afuera, en dirección al brazo.

2 Prosiga envolviendo el brazo con la mano y aplicando rozamiento desde el principio del brazo hasta los dedos.

ROZAMIENTO -
PARTE FRONTAL DE LA PIERNA

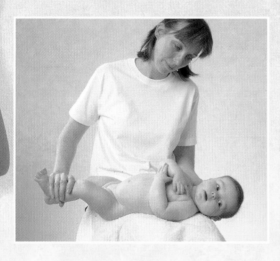 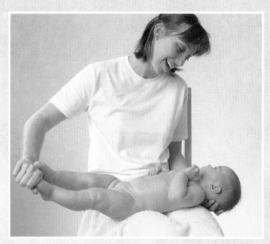

1 La mano envuelve la pierna a la altura del muslo.

2 Aplique rozamiento al conjunto de la pierna, añadiendo una suave compresión, a lo largo de todo el recorrido hasta los dedos de los pies. Repita el masaje en la otra pierna.

Con el Bebé sobre
su Regazo

ROZAMIENTO - NUCA

1 Ponga los dedos a un lado del cuello y el pulgar al otro lado. Presione suavemente el cuello entre los dedos y el pulgar. Mientras aplica esta presión muy ligera, deje que el cuello resbale entre sus dedos deslizando sus manos hacia arriba. El movimiento puede combinarse con el de masaje de espalda, ejecutándose cuando las manos alcanzan la parte superior de la misma.

ROZAMIENTO SOBRE LA ESPALDA

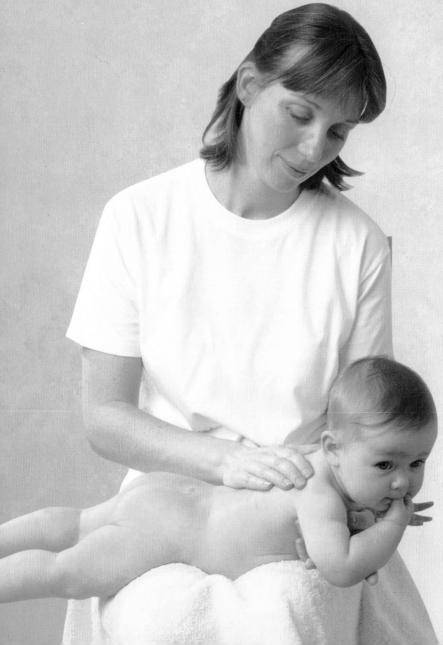

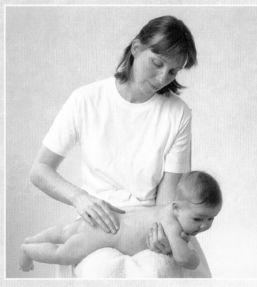

1 El bebé está tumbado boca abajo sobre su regazo. Ponga una mano sobre el final de la espalda, más o menos a la altura de las nalgas. La mano se sitúa a través de la espalda con los dedos apuntando hacia el lado opuesto a su posición, o a lo largo de la espalda, con los dedos apuntando hacia la cabeza.

2 Aplicar rozamiento moviendo la mano hacia arriba, en dirección al cuello. No aplique mucha presión y mantenga su mano muy relajada de forma que evitemos plegar demasiado la piel del bebé. Cuando llegue a la parte más alta de la espalda puede llevar a cabo el masaje de cuello antes de volver a las nalgas para repetir el movimiento.

ROZAMIENTO - POSTERIOR DE LA PIERNA

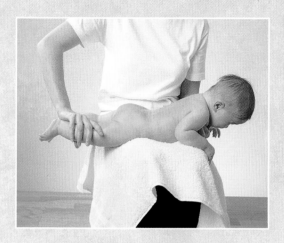

1 Aplique rozamiento con la mano hacia abajo por la pierna, ejerciendo a la vez una suave presión. Incluya en este movimiento el tobillo y el conjunto del pie hasta llegar a los dedos. Repita el masaje sobre la otra pierna.

ROZAMIENTO SOBRE LA COLUMNA CON LOS DEDOS Y EL PULGAR

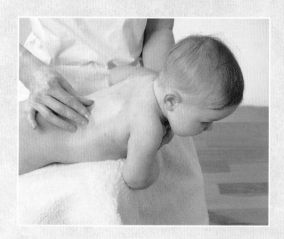

1 Utilice el dedo índice o el dedo corazón para aplicar una presión ligera a cada lado de la espina dorsal. Comenzar por la base de la columna, junto a las nalgas, deslizando los dedos durante todo el recorrido hasta el cuello.

VIBRACIONES LIGERAS - ESPALDA

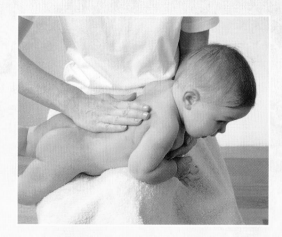

1 Ponga la mano plana sobre la región lumbar del bebé y hágala vibrar ligeramente durante unos segundos.

MASAJEAR AL BEBÉ SOBRE UNA MESA

· ·

*Puede dar mayor
seguridad masajear al
bebé encima de la
mesa, en lugar de en
el regazo, si la
criatura tiende a
moverse mucho.*

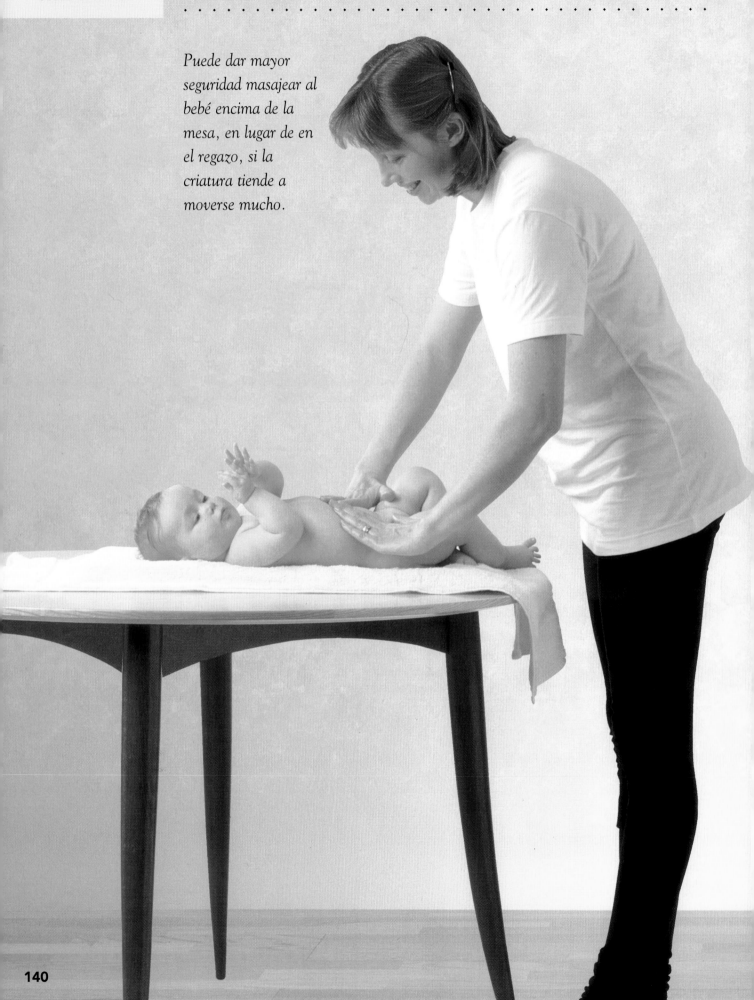

ROZAMIENTO - ABDOMEN, PECHO Y BRAZOS

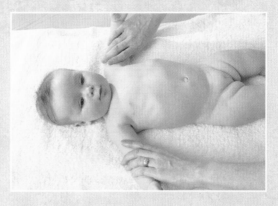

1 Acueste al niño boca arriba sobre la mesa. Ponga ambas manos sobre el centro del abdomen, con los dedos apuntando los unos a los otros. Aplique rozamiento sobre el pecho con ambas manos.

2 Cuando sus manos están separadas, cada una aplica rozamiento sobre un brazo, trabajando en dirección a los dedos.

ROZAMIENTO - PIERNA

1 Sostenga un pie con una de sus manos, y con la otra aplique rozamiento a la misma pierna, comenzando por el tobillo y terminando en la parte superior del muslo. Repita una vez o dos, y luego repita en la otra pierna.

ROZAMIENTO - LAS DOS PIERNAS A LA VEZ

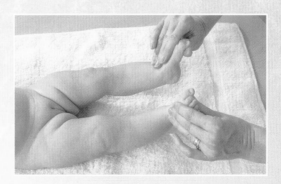

1 Haga rozamiento sobre las dos piernas a la vez, con las manos dando una presión ligera conforme se desplazan desde la parte superior del muslo hacia el pie.

2 Prosiga el movimiento hasta masajear los dedos de los pies.

ROZAMIENTO CON EL PULGAR - PIE

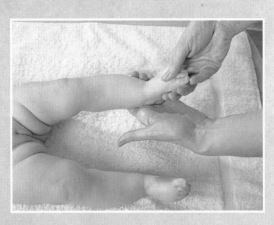 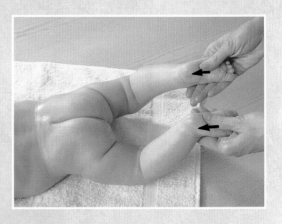

1 Masajee el pie y los dedos poniendo su dedo pulgar en el empeine y los otros dedos debajo. Comience por el tobillo y termine por los dedos de los pies. Puede comprimir también ligeramente el conjunto del pie con sus manos en esa posición.

2 Las plantas de los pies pueden también ser masajeadas con los pulgares si el bebé está acostado boca abajo.

ROZAMIENTO CON EL PULGAR - MANO

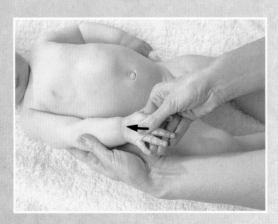

1 Masajee cada mano con los dedos pulgares y con los otros dedos, de forma parecida al masaje aplicado al pie.

ROZAMIENTO - ESPALDA

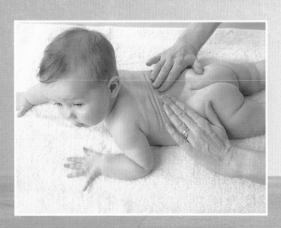

1 Con el bebé tumbado sobre su barriguita, aplique rozamiento a la espalda de la misma forma que cuando reposa sobre su regazo. Se puede utilizar una mano o las dos.

MASAJE PARA NIÑOS

Las técnicas que se ilustran aquí son también recomendables para los adultos.

ROZAMIENTO CON LA PALMA - CUELLO Y HOMBROS

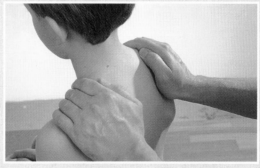

Puede sostener la espalda del niño apoyada sobre sus rodillas con un cojín entre ambos para amortiguar el contacto.

1 El receptor está sentado frente a usted sobre el suelo o en un taburete. Utilice una mano a cada lado, aplicando rozamiento desde lo alto del cuello hasta los hombros.

2 Ahueque las manos para poder abarcar los hombros.

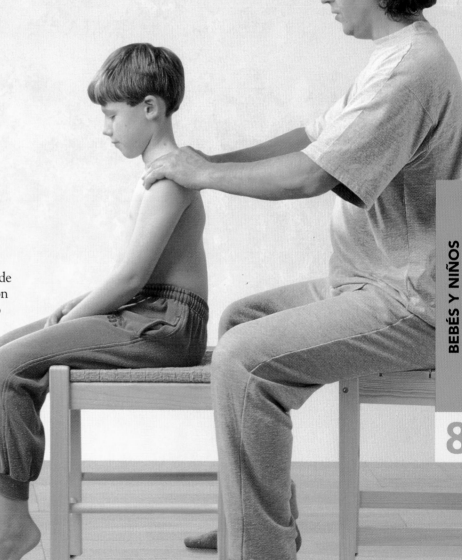

3 Termine el movimiento en la parte de arriba de los brazos. Vuelva a poner las manos en su posición original y repita. Puede resultar más fácil dar este tipo de masaje con una mano dando rozamiento sólo a un lado cada vez. Así el receptor podrá sentarse apoyándose más en el lado en cuestión.

ROZAMIENTO CON EL PULGAR - MÚSCULOS DE LOS HOMBROS

Trabaje un poco más profundamente sobre la espalda superior y los músculos de los hombros usando el pulgar.

 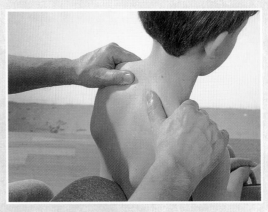

1 Ponga una mano sobre cada hombro, comience el movimiento con los pulgares entre la espina y el omóplato, y los otros dedos situados encima de los hombros. Presione sobre los tejidos de forma que sus pulgares se desplacen en dirección a sus otros dedos.

2 Cuando alcance la parte superior de los hombros relaje la presión para no pellizcar la piel del receptor.

ROZAMIENTO CON ASIMIENTO - CUELLO Y HOMBROS

Puede encontrar más fácil llevar a cabo este movimiento si el receptor se sienta de forma ligeramente girada.

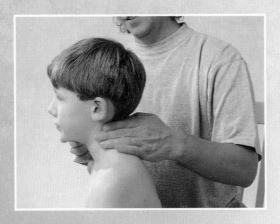 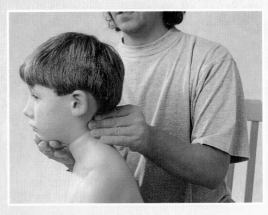

1 El receptor se sienta algo girado hacia un lado. Sostenga la barbilla con una mano. La otra mano se pone en la parte posterior del cuello con un pulgar a cada lado y los otros dedos al otro lado del cuello. Comprima suavemente los músculos del cuello entre los otros dedos y el pulgar, procurando no pellizcar la piel.

2 Mantenga la compresión y atraiga un poco los tejidos separándolos un poco de la columna. Permita a sus dedos deslizarse para relajar el asimiento. Repita varias veces.

ROZAMIENTO CON LA PALMA - ESPALDA

Póngase a un lado del receptor, a la altura de su cintura. El rozamiento abarca dos movimientos. Uno en el lateral del tronco más cercano a usted y otro en el más alejado. Si le cuesta llegar a este último, dé la vuelta.

1 Ponga sus manos junto a la columna en el lado más próximo a usted, con los dedos apuntando hacia el lado opuesto. Comience por la parte inferior de la espalda y administre rozamiento hacia arriba en dirección al hombro, con las manos desplazándose por el lateral de la columna más próximo a su posición.

2 Prosiga el movimiento sobre el hombro y hacia abajo por el lateral externo del tronco más cercano a usted.

3 Ponga sus manos sobre la parte inferior de la espalda de nuevo, pero en el lateral de la columna más alejado a su posición.

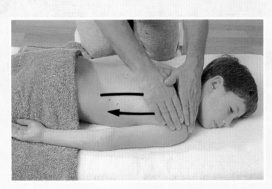

4 Repita el movimiento sobre ese lado de la columna incluyendo el hombro opuesto y la parte externa del tronco. Esto completa el movimiento. Repita varias veces.

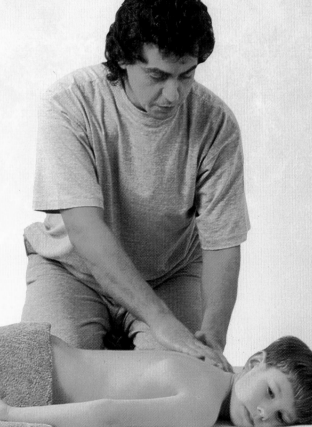

El rozamiento con la palma puede administrarse tanto a la parte anterior como a la posterior de la pierna.

ROZAMIENTO DE PALMA - PIERNA

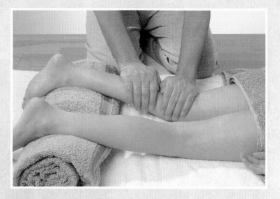

1 El receptor está acostado boca abajo. Sitúe sus manos en lo alto de la pierna más próxima a usted, con los dedos apuntando hacia afuera.

2 Administre rozamiento con ambas manos desplazándose desde el tobillo hasta la parte superior del muslo. Aplique una ligera presión y apriete suavemente mientras se desplaza hacia arriba con las manos, aunque relajando la presión cuando atraviese la corva. Con un movimiento muy ligero regrese al tobillo para repetir el movimiento.

Dé masaje sobre la otra pierna del mismo modo, y a la parte frontal de las piernas, siguiendo el mismo procedimiento y la misma técnica que para la parte posterior de las piernas (sin presionar la tibia).

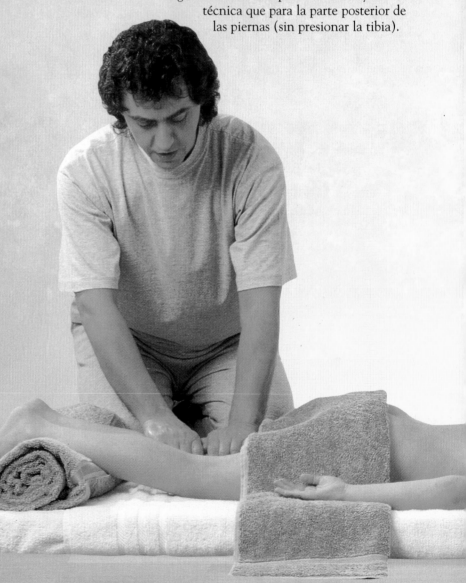

ROZAMIENTO COMPRESIVO - EL PIE

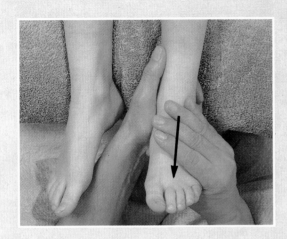

1 Apoye el pie del receptor —acostado boca arriba— sobre un cojín o una toalla enrollada frente a usted. Sitúe sus dedos a lo largo del empeine y el pulgar a lo largo de la planta. Comprima el pie suavemente entre los otros dedos y el pulgar de forma que se deslice la mano desde el talón hasta los dedos. Repita el movimiento utilizando la misma mano, o alternándolas.

Puede también llevar a cabo este movimiento con el pie del receptor apoyado en su regazo, estando usted sentado en el suelo.

ROZAMIENTO CON EL PULGAR - PLANTA DEL PIE

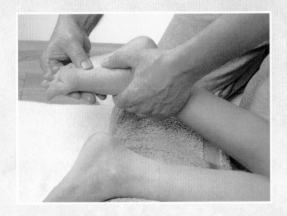

Si el pie está seco, administre abundante aceite para llevar a cabo este movimiento. Aplique una presión firme para no provocar cosquillas en el receptor.

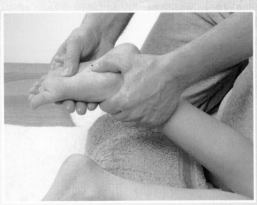

1 El receptor está tumbado boca abajo con la rodilla curvada de modo que el pie se levante y descanse en sus manos.

2 Utilice un pulgar o ambos para dar masaje sobre la planta del pie.

3 Los movimientos pueden ser dados como una serie de pequeños semicírculos o en forma de movimientos cortos y rectos.

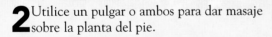

8

ENFERMEDADES COMUNES

La celulitis, la tensión premenstrual y los trastornos digestivos son ejemplos de situaciones en los problemas de que el masaje puede ser aplicado con fines terapéuticos. En algunos casos, puede ser necesario combinar técnicas aplicadas por un masajista y técnicas autoadministradas con otros métodos de tratamiento. Las sesiones de masaje son también igualmente eficaces como medidas preventivas.

TENSIÓN PREMENSTRUAL

El síndrome de tensión premenstrual (STP) es una alteración muy delicada y compleja. No entra en el ámbito de este libro el tratamiento en detalle de este asunto, sino más bien el hacer referencia a algunos aspectos en relación con el masaje. Hay varios síntomas asociados a este síndrome y quizás haya también el mismo número de planteamientos para su tratamiento. El más vinculado a la medicina natural de todos ellos incluye cambios y suplementos dietéticos, tales como la eliminación de azúcares, féculas y alimentos manipulados de la dieta, y la reducción o eliminación de estimulantes como el café, el té o el alcohol. Los suplementos incluyen aceite de prímula y vitaminas B6 y B12. La retención de líquidos y los dolores abdominales están entre los síntomas físicos del STP. Las manifestaciones emocionales incluyen irritabilidad y ansiedad. El masaje es muy beneficioso para tratar alguna de estas manifestaciones.

RETENCIÓN DE LÍQUIDOS

La amplitud de la retención puede variar de mes a mes y de persona a persona. Si es excesiva, la mujer que lo padece puede precisar atención médica, o el tratamiento por parte de un terapeuta complementario especializado en drenaje linfático manual o en terapia de zonas reflejas. Si no es suficientemente severo como para llegar a esto, pueden aplicarse las técnicas de masaje para el drenaje linfático que se han mostrado en los capítulos precedentes. Aunque no se muestra en este libro, el pecho se beneficia significativamente de las técnicas de drenaje linfático.

ACEITES DE MASAJE

Para la retención de líquidos
Geranio • Romero

Para la depresión y la irritabilidad
Bergamota • Camomila • Rosa

Para la ansiedad
Bergamota • Camomila • Salvia • Incienso • Jazmín • Mejorana • Melisa • Azahar • Rosa • Sándalo • Ylang-Ylang

Se han de llevar a cabo movimientos ligeros de rozamiento sobre el lado externo del pecho en dirección a las axilas. La parte superior se drena de la misma forma, dirigiendo los movimientos hacia la clavícula, y la parte interior se drena hacia el esternón.

MASAJE DE RELAJACIÓN

La mayor parte de las técnicas de masaje, aparte de las tonificantes, son relajantes, luego la mayoría pueden usarse para reducir la ansiedad y la tensión. La mujer que recibe el

masaje puede tener sus preferencias, pero masajear sobre la espalda y la cara es particularmente útil. Ponga especial cuidado cuando aplique masaje sobre el estómago y el pecho, porque pueden ser, en casos determinados, muy sensibles. Los dolores abdominales y uterinos responden normalmente bien al masaje, y consecuentemente, cualquier dolor se aliviará gradualmente. En casos de extremo dolor se omitirá el masaje sobre estas zonas del cuerpo.

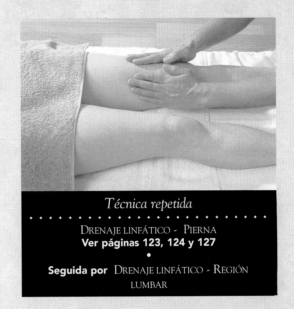

Técnica repetida

DRENAJE LINFÁTICO - PIERNA
Ver páginas 123, 124 y 127

Seguida por DRENAJE LINFÁTICO - REGIÓN LUMBAR

DRENAJE LINFÁTICO - REGIÓN LUMBAR

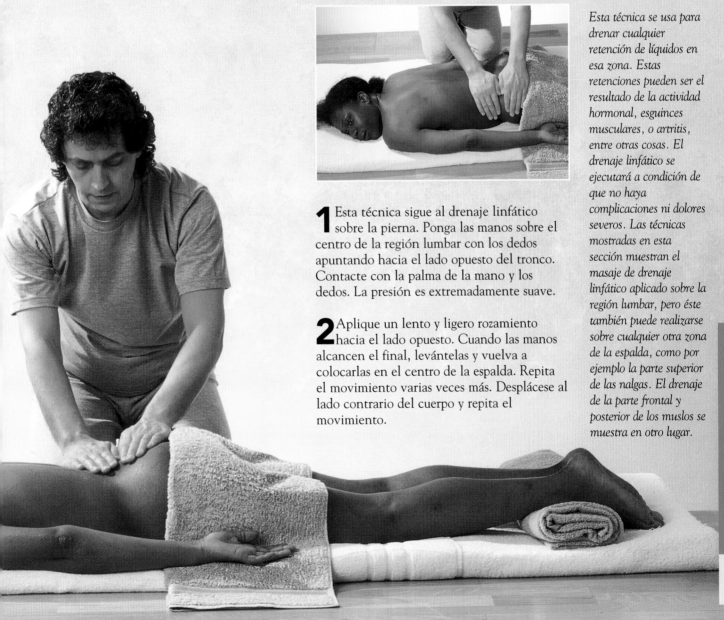

1 Esta técnica sigue al drenaje linfático sobre la pierna. Ponga las manos sobre el centro de la región lumbar con los dedos apuntando hacia el lado opuesto del tronco. Contacte con la palma de la mano y los dedos. La presión es extremadamente suave.

2 Aplique un lento y ligero rozamiento hacia el lado opuesto. Cuando las manos alcancen el final, levántelas y vuelva a colocarlas en el centro de la espalda. Repita el movimiento varias veces más. Desplácese al lado contrario del cuerpo y repita el movimiento.

Esta técnica se usa para drenar cualquier retención de líquidos en esa zona. Estas retenciones pueden ser el resultado de la actividad hormonal, esguinces musculares, o artritis, entre otras cosas. El drenaje linfático se ejecutará a condición de que no haya complicaciones ni dolores severos. Las técnicas mostradas en esta sección muestran el masaje de drenaje linfático aplicado sobre la región lumbar, pero éste también puede realizarse sobre cualquier otra zona de la espalda, como por ejemplo la parte superior de las nalgas. El drenaje de la parte frontal y posterior de los muslos se muestra en otro lugar.

ENFERMEDADES COMUNES

9

PUNTOS REFLEJOS

Sistema linfático de la pelvis: La zona entre el exterior y el interior del tobillo refleja el sistema de drenaje linfático de la pelvis. Masajee utilizando los pulgares o la punta de los dedos en esta región, a lo largo de la línea arrugada.

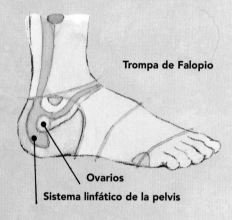

Trompa de Falopio

Ovarios

Sistema linfático de la pelvis

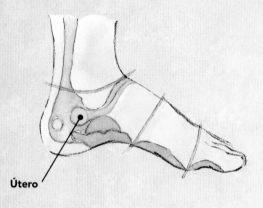

Útero

Trompa de Falopio: Los puntos reflejos para la trompa de Falopio se encuentran en la zona central, a lo largo de la misma línea del sistema linfático de la pelvis.

Ovarios y útero: Los puntos reflejos para estas zonas se encuentran justo debajo del lado externo y del lado interno del hueso del tobillo. Pueden masajearse suavemente con el pulgar

Plexo solar: Ver página 29

PUNTOS DE ACUPRESIÓN

Puntos de acupresión para el STP. Estos dos puntos se tratan a la vez.

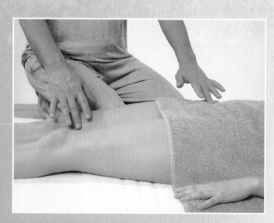

Punto SP10: Este punto se localiza en el lado interno del muslo. Reconocido por su sensibilidad, se encuentra tres dedos encima de la parte superior de la rodilla.

Punto SP13: Para encontrar este punto, imagine una línea desplazándose entre el hueso pélvico externo y el hueso púbico, a lo largo de la arruga formada por el final del muslo y la pelvis. Encuentre el centro de esta línea: el punto está dos dedos por encima.

CELULITIS

La celulitis es un endurecimiento de las células grasas. En ocasiones resulta erróneo denominar como celulitis a lo que no es sino una inflamación de los tejidos inmediatamente debajo de la piel, asociada con la actividad hormonal en la mujer. La celulitis es un conjunto de bolsas fibrosas hechas de fibras de colágeno que se forman alrededor de las células, reteniendo líquidos y toxinas. Cuando esto sucede con un número grande de células grasas, el efecto de conjunto es un engrosamiento y endurecimiento de los tejidos, y un aspecto desigual de la textura de la piel.

Aparte de las hormonas que provocan la retención de fluidos, el problema surge también por una dieta equivocada, que puede contribuir a un incremento de toxinas y células grasas, y a la mala circulación, que puede deberse a la falta de ejercicio. Todos estos factores precisan ser corregidos para reducir o prevenir la celulitis. El masaje es ciertamente muy efectivo para mejorar la circulación, incluida la de la linfa, y eso también mantiene tonificados los tejidos.

> ### ACEITES DE MASAJE
>
> *Para mejorar la circulación*
> **Limón • Camomila • Ciprés
> • Pimienta negra • Enebro
> • Mejorana**
>
> *Para mejorar el drenaje linfático*
> **Hinojo • Geranio • Enebro
> • Romero**
>
> *Para eliminar toxinas*
> **Hinojo • Enebro • Ajo • Rosa**

CEPILLADO AUTOADMINISTRADO DE LA PIEL

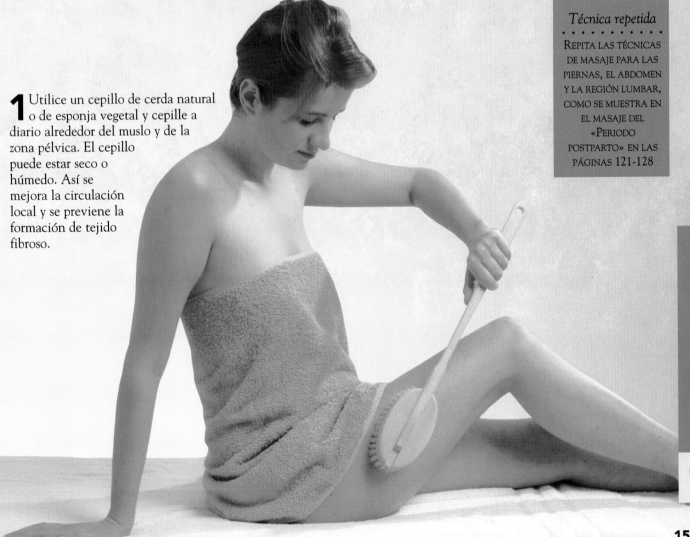

1 Utilice un cepillo de cerda natural o de esponja vegetal y cepille a diario alrededor del muslo y de la zona pélvica. El cepillo puede estar seco o húmedo. Así se mejora la circulación local y se previene la formación de tejido fibroso.

> *Técnica repetida*
> REPITA LAS TÉCNICAS DE MASAJE PARA LAS PIERNAS, EL ABDOMEN Y LA REGIÓN LUMBAR, COMO SE MUESTRA EN EL MASAJE DEL «PERIODO POSTPARTO» EN LAS PÁGINAS 121-128

ENFERMEDADES COMUNES

9

AMASAMIENTO - MÚSCULOS DEL MUSLO: AUTOADMINISTRADO

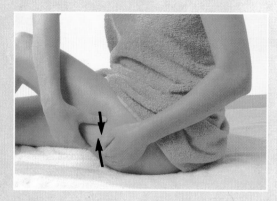

1 Siéntese sobre el suelo. El amasamiento se aplica utilizando los dedos de una mano y el pulgar de la otra para trabajar sobre los músculos del muslo. Puede usarse la base de la mano en lugar del pulgar.

2 Aplicar presión entre las dos manos para comprimir y elevar los músculos, añadiendo a la vez un ligero retorcimiento. Evite pellizcar la piel. Relaje la presión y después suelte los músculos y los tejidos.

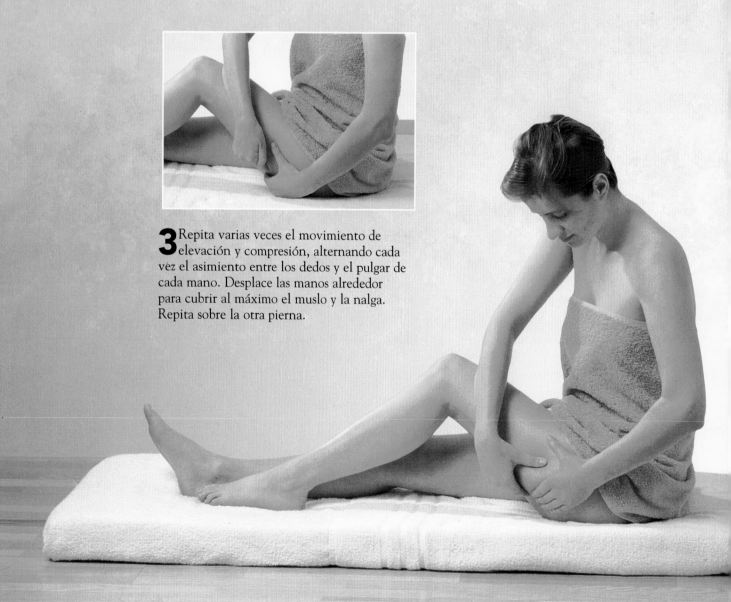

3 Repita varias veces el movimiento de elevación y compresión, alternando cada vez el asimiento entre los dedos y el pulgar de cada mano. Desplace las manos alrededor para cubrir al máximo el muslo y la nalga. Repita sobre la otra pierna.

MOVIMIENTOS PERCUSIVOS - LOS MÚSCULOS: AUTOADMINISTRADO

Mientras está sentada en el suelo use los movimientos percusivos para tonificar los músculos del muslo. Busque su postura hasta encontrar una posición cómoda. También pueden aplicarse estos movimientos estando sentada en una silla.

GOLPETEO DE MEÑIQUES

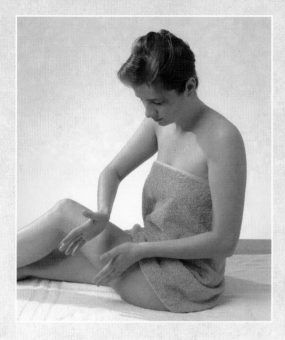

1 Siéntese en el suelo con las piernas derechas o ligeramente curvadas por las rodillas y soportadas por un cojín. Alcance el lado externo del muslo y golpee los tejidos con el meñique de cada mano. Alterne las manos de modo que mientras una mano golpea, la otra se eleva.

2 Cambie la posición de las manos para cubrir el máximo posible la zona.

AHUECADO

1 Todavía en la misma posición, utilice las manos ahuecadas para percutir la zona, como en el movimiento previo. Ahueque las manos curvando la palma y los dedos ligeramente, mantenga los dedos unidos y el conjunto de la mano un poco rígido.

2 Alterne el movimiento con cada mano y desplácelas alrededor para cubrir tanto espacio como sea posible.

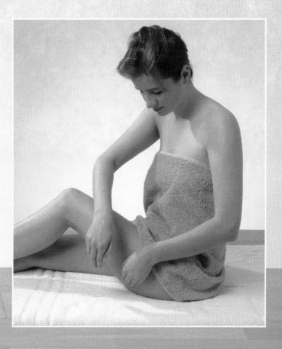

MALA DIGESTIÓN

Los órganos más importantes que intervienen en la digestión son el estómago y los intestinos, y es allí donde los problemas más comunes relacionados con la digestión tienen lugar. Los problemas más serios, pero menos frecuentes, van desde la diarrea, úlceras y apendicitis hasta la diverticulitis y el cáncer. No es necesario decir que su tratamiento es un asunto propio de la profesión médica. Sin embargo, el masaje beneficia el sistema digestivo porque mejora la circulación del abdomen, y a su vez, la función de los órganos digestivos. Algunas técnicas son específicas, como el masaje de colon. Más beneficioso, sin embargo, es el lado relajador del masaje, que tiene un efecto indirecto sobre el conjunto del sistema digestivo.

ACEITES DE MASAJE

Para el estreñimiento
Mejorana • Romero

Para reducir los espasmos musculares como los asociados a la indigestión o a los cólicos
Bergamota • Camomila • Salvia • Hinojo •Melisa • Azahar • Menta

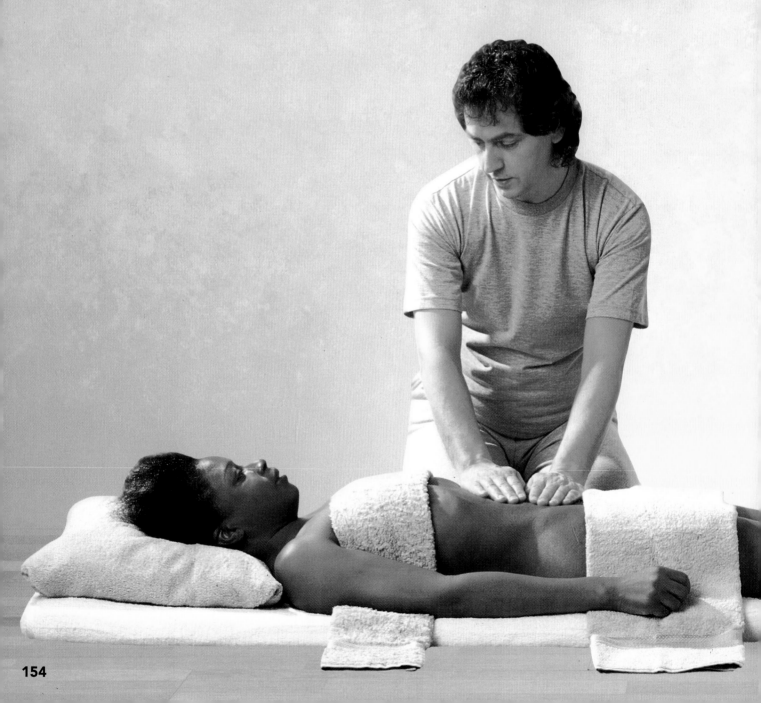

ROZAMIENTO CIRCULAR CON LA PALMA - ABDOMEN

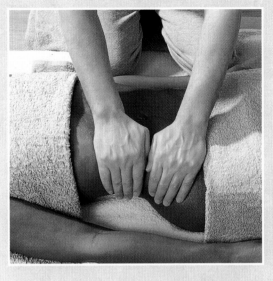

El rozamiento con la palma se usa para estimular la circulación y calentar los músculos. La presión ha de ser muy ligera para comenzar y después ha de ser incrementada gradualmente sin causar ninguna incomodidad.

1 Ponga las manos en el lateral del abdomen más próximo a usted. Roce con las palmas y con los dedos y mantenga las manos próximas y muy relajadas. El movimiento se administra en el sentido de las agujas del reloj alrededor del abdomen.

2 Comience el rozamiento en el sentido de las agujas del reloj, desplazando las manos hacia el lado opuesto del abdomen, llegando tan lejos como sea posible.

3 Continúe el rozamiento moviendo las manos hacia el centro y justo debajo de la caja torácica. Para completar la acción giratoria, las manos prosiguen moviéndose hacia el lado más próximo al suyo. Repita el movimiento varias veces.

Procure evitar:
· · · · · · ·
Masajear el abdomen si se da cualquiera de las siguientes situaciones:
·
Úlceras, diverticulitis, enfermedad de Crohn, estreñimiento crónico, cáncer, apendicitis, calor de origen inexplicado, inflamación, piedras vesiculares

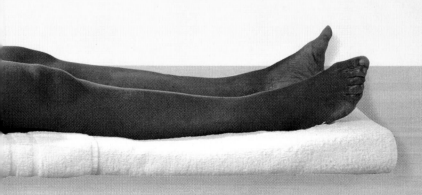

9

El intestino grueso o colon tiene forma de U invertida. El primer segmento vertical, el colon ascendente, se extiende desde el bajo abdomen, a la derecha, hasta la última costilla del mismo lado. El colon horizontal transversal se desplaza de derecha a izquierda justo bajo la caja torácica. Completa la U invertida la última parte del colon, que desciende desde la última costilla de la izquierda del abdomen, hasta la zona pélvica central. El masaje sobre el colon sigue estas tres secciones, con el propósito de contribuir al movimiento de sus contenidos. Esto requiere sensibilidad y paciencia, ya que puede resultar sensible al tacto y el logro de los resultados perseguidos puede llevar un cierto tiempo. La relajación general del receptor y de los músculos abdominales siempre antecede a esta técnica.

Procure evitar:

Masajear el abdomen si se sospecha sobre alguna de estas enfermedades: diverticulitis, enfermedad de Crohn, úlcera, cáncer

• Cualquier enfermedad seria o alteración inflamatoria

ROZAMIENTO CON LA PALMA - COLON

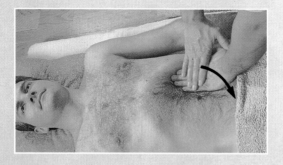

1 Sitúese en el lado izquierdo del receptor. Ponga la mano izquierda justo debajo del final de las costillas del lado izquierdo, con los dedos apuntando hacia las costillas. Esta mano está en contacto con los tejidos y aplica el movimiento pero no la presión. Ponga la mano derecha encima y a través de la mano izquierda, con los dedos apuntando hacia afuera. Esta mano aplica la presión.

2 Movimiento sobre el colon descendente. Ajuste la presión mientras se mueve, aplicando rozamiento hacia abajo, sobre el lado izquierdo del abdomen hacia el hueso pélvico. Repita varias veces.

3 Movimiento sobre el colon transversal. Sitúe sus manos justo debajo del final del lado derecho de la caja torácica con los dedos apuntando hacia afuera. Esta mano está en contacto con los tejidos y aplica el movimiento pero no la presión. Ponga su mano izquierda encima y a través de su mano derecha con los dedos apuntando hacia la cabeza. Esta mano aplica la presión.

4 Aplique rozamiento con ambas manos en esta posición a través del abdomen en dirección a usted. Repita varias veces.

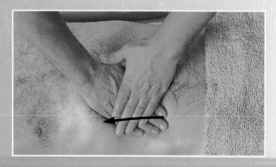

5 Movimiento sobre el colon ascendente. Ponga su mano derecha sobre el lado derecho del abdomen, con los dedos apuntando hacia la pelvis. Las puntas de los dedos deben estar en línea con el ombligo y no más abajo. Ponga la mano izquierda encima y a través de la mano derecha con los dedos apuntando hacia afuera.

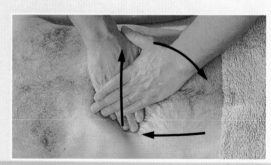

6 Aplique rozamiento hacia arriba hasta el final de la parte derecha de la caja torácica. Cuando sienta confianza puede prolongar cada movimiento: el colon descendente varias veces. El transversal seguido por el colon descendente, varias veces. El ascendente seguido por el transversal y el descendente, varias veces.

PUNTOS REFLEJOS: COLON

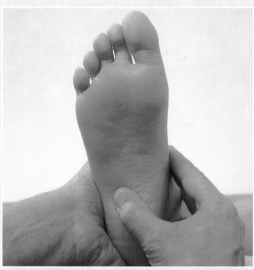

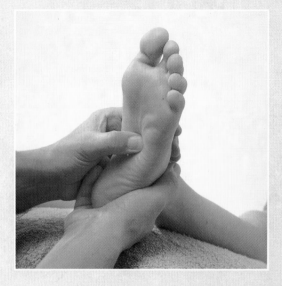

Como en el masaje de colon, trabaje sobre estos puntos reflejos siguiendo la secuencia del colon descendente, el transversal y, finalmente, el colon ascendente. Cuando aplique una presión intermitente a lo largo de esas líneas, pida respuesta al receptor ante cualquier pinchazo doloroso. Así señalará una zona de actividad refleja que requerirá tratamiento.

1 El área refleja del pie que se relaciona con el colon sigue la misma forma de U, como en el masaje. El colon ascendente está en el pie derecho. También está en el pie derecho la mitad del colon transversal.

2 La otra mitad del colon transversal y el descendente está en el pie izquierdo.

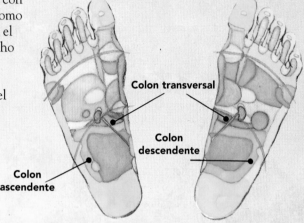

Colon transversal

Colon descendente

Colon ascendente

Técnica repetida
· · · · · · · · · · · ·
MASAJE REFLEJO
SOBRE EL PLEXO SOLAR
Ver página 29
·
Seguido por
PUNTOS DE ACUPRESIÓN

PUNTOS DE ACUPRESIÓN

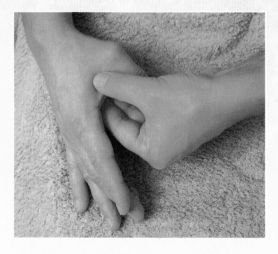

Punto LI 4: Punto Hoku (LI 4). Este punto está localizado en la membrana carnosa entre el pulgar y el índice. Presione con suavidad durante unos segundos con su pulgar. Este punto no debe ser estimulado durante el embarazo.

Punto B48: Encuentre este punto localizando los dos hoyuelos a cada lado de la espina dorsal en su base (sacro), allí donde se encuentra con el final de los huesos de la pelvis (cresta ilíaca). Aplique una suave presión simultánea sobre estos puntos a los lados derecho e izquierdo.

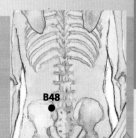

B48

ENFERMEDADES COMUNES

9

ÍNDICE

. . . .

RECONOCIMIENTOS

El autor quisiera dedicar este libro a Phyllis Evans en reconocimiento de su enorme ayuda y apoyo.

Todas las fotografías son de Paul Forrester, con la excepción de las siguientes: página 8, Wellcome Institute Library, Londres. Páginas 82 y 135, Image Bank.

El editor quisiera agradecer a Neals Yard Remedies, Londres, por el préstamo de las botellas de aceite de masaje para las fotografías.

El editor quisiera agradecer especialmente su colaboración a los modelos: Stephen Atkinson, Dominic Chapman, Angelo García, Kate y Lara Havelock, Hazel Jackman, Sarah Lambie, Maureen Newman, Theresa Nicolson, Alison Pollock, Eamonn Shanahan, Richard Varcoe y Beverly Williamson.

Índice confeccionado por Dorothy Frame.